MW01673455

RÉSILIENCE : 7 clés pour cultiver un état d'esprit résilient en vue de la maîtrise spirituelle

---

Roland F. St. Gerard, DMin

MCE MAGAZINE
MIAMI, FLORIDE

Février 2025

SOMMAIRE

Introduction 7

Chapitre 1 : Comprendre La Résilience Et Le Pouvoir De L'état D'esprit 23

Chapitre 2 : La Conscience De Soi : Les Fondements De La Résilience 37

Chapitre 3 : Intelligence Émotionnelle Et Résilience 51

Chapitre 4 : Trouver Un But Et Un Sens Pour Une Force Durable 75

Chapitre 5 : La Pensée Positive : Cultiver Une Perspective Édifiante 87

Chapitre 6 : La Pleine Conscience Et La Méditation Au Service De La Résilience Spirituelle 101

Chapitre 7 : Compétences D'adaptation : Prospérer Dans Le Changement 111

Chapitre 8 : Construire Un Système De Soutien Solide 121

Chapitre 9 : La Résilience En Action : Appliquer Les Sept Étapes 137

Conclusion : Le Voyage De Résilience Tout Au Long De La Vie 155

Remerciements 167

À propos de l'auteur : 169

"

Mais ceux qui se confient en l'Éternel renouvellent leur force. Ils prennent le vol comme les aigles ; Ils courent, et ne se lassent point, Ils marchent, et ne se fatiguent point.

"

- *Ésaïe 40:31*

INTRODUCTION

"Ne me jugez pas par mon succès, jugez-moi par combien de fois je suis tombé et je me suis relevé".
- Nelson Mandela.

La vie a une manière bien à elle de nous mettre à terre, souvent au moment où nous nous y attendons le moins. Dans ces moments de difficultés et de désespoir, c'est la résilience qui nous permet d'avancer. C'est elle qui transforme nos épreuves en triomphes et notre douleur en objectif. Ce livre, ***Résilience***, ne parle pas seulement de survivre aux tempêtes de la vie, mais d'en ressortir plus fort, plus sage et mieux ancré dans la foi.

Imaginez-vous debout au milieu d'une tempête, avec le vent hurlant et les vagues s'écrasaient autour de vous. Au milieu de ce chaos, un phare se dresse, son faisceau transperçant l'obscurité, vous guidant en toute sécurité vers la rive. Ce phare, c'est la résilience. C'est la force inébranlable qui est en nous, la détermination silencieuse qui nous pousse à avancer, même lorsque tout semble conspirer pour nous faire reculer.

La résilience ne consiste pas seulement à rebondir après une épreuve, mais à grandir grâce à elles. Dans le domaine de la maîtrise spirituelle, la résilience permet aux individus de renforcer leur foi, d'approfondir leur confiance en Dieu et de développer l'endurance nécessaire pour faire face aux défis inévitables de la vie. La Bible regorge de sagesse sur la persévérance, nous rappelant que les épreuves servent à affiner notre caractère et à nous rapprocher de Dieu.

Jacques 1:2-4 nous enseigne : *"Mes frères, regardez comme un sujet de joie complète les diverses épreuves auxquelles vous pouvez être exposés, sachant que l'épreuve de votre foi produit la patience. Mais il faut que la patience accomplisse parfaitement son œuvre, afin que vous soyez parfaits et accomplis, sans faillir en rien."* Ce verset illustre le fait que la résilience est une qualité précieuse, nécessaire à la croissance et la maîtrise spirituelles.

Face à l'adversité, de nombreuses personnes luttent contre le doute, la peur et le désespoir. Cependant, ceux qui cultivent la résilience parviennent à conserver la foi et à considérer les défis comme des opportunités de croissance. La maîtrise spirituelle ne se limite pas à la connaissance des écritures ou à la pratique des rituels religieux ; elle exige la capacité de traverser les épreuves, de rester ferme dans la foi et d'en ressortir plus fort.

La résilience dans la maîtrise spirituelle ne signifie pas l'absence de luttes, mais plutôt la capacité à faire confiance au plan de Dieu malgré les difficultés. Elle implique de lâcher prise, de comprendre que les difficultés sont des tests de foi et de croire que toutes choses concourent au bien.

Romains 5:3-5 nous rappelle cette vérité : *"Bien plus, nous nous glorifions même des afflictions, sachant que l'affliction produit la persévérance, la persévérance la victoire dans l'épreuve, et cette victoire l'espérance. Or, l'espérance ne trompe point, parce que l'amour de Dieu est répandu dans nos cœurs par le Saint-Esprit qui nous a été donné."* Ce passage met en évidence le pouvoir transformateur de la résilience, qui forge le caractère et renforce l'espérance.

Ces versets décrivent une progression :

La souffrance produit la persévérance : Les épreuves et les défis nous enseignent l'endurance et la capacité de continuer à avancer malgré les difficultés. Grâce à la souffrance, nous développons la patience, la force mentale et la confiance en Dieu, ce qui renforce notre capacité à persévérer dans les épreuves à venir. Sans défis, nous n'aurions pas l'occasion de développer l'endurance nécessaire pour une croissance spirituelle à long terme.

La persévérance produit le caractère : La persévérance continue face à l'adversité façonne et affine notre caractère, nous rendant plus forts et plus vertueux. Dans ce sens, le caractère ne se limite pas à l'intégrité morale, mais inclut aussi la force spirituelle et la résilience. En affrontant et surmontant les obstacles en permanence, nous développons un sens profond de l'intégrité, de l'humilité et de la sagesse qui nous fait ressembler davantage au Christ.

Le caractère produit l'espérance : un caractère bien développé, forgé par la persévérance, favorise une espérance profonde et durable. Cette espérance repose sur la compréhension de l'amour et des promesses de Dieu. Il ne s'agit pas d'un optimisme passager, mais d'une attente confiante enracinée dans la foi. Ceux qui ont traversé des épreuves avec foi en viennent à voir que Dieu est toujours présent, œuvrant en toutes choses pour le bien de ceux qui l'aiment. Cette prise de conscience renforce leur espérance en Son plan divin.

Ce passage souligne que les épreuves ne sont pas vaines. Elles contribuent à notre croissance et conduisent ultimement à une confiance pleine d'espoir dans l'amour et la fidélité de Dieu. En reconnaissant la valeur de nos luttes, nous pouvons les accueillir comme faisant partie du grand plan de Dieu pour nos vies, sachant que chaque difficulté nous affine et nous rapproche de l'accomplissement de ses promesses.

L'un des exemples les plus remarquables de résilience dans la Bible est celui de Job. Malgré la perte de sa richesse, de sa santé et de sa famille, Job est resté fidèle à Dieu. Sa résilience ne reposait pas sur ses propres forces, mais sur sa confiance inébranlable dans la sagesse et la souveraineté de Dieu. Sa foi s'est approfondie à travers ses souffrances, et il a finalement été béni au-delà de ce qu'il était auparavant. Son histoire nous rappelle avec force que les épreuves nous affinent et nous préparent à de plus grandes bénédictions.

De même, Jésus-Christ lui-même a incarné la résilience ultime. Il a enduré la persécution, la trahison et la crucifixion tout en restant fidèle au dessein de Dieu. Sa souffrance n'était pas seulement physique, mais aussi émotionnelle et spirituelle, car il a été abandonné par Ses disciples et a porté le poids des péchés de l'humanité. Pourtant, malgré toutes les épreuves, il est resté fidèle à Sa mission, démontrant une foi inébranlable dans le plan divin. Sa prière au jardin de Gethsémani a révélé la profondeur de Son combat. Pourtant, il s'est soumis à la volonté de Dieu, sachant que sa souffrance était nécessaire au salut de l'humanité.

Sa mort sur la croix a été l'épreuve ultime de résilience, et Sa résurrection a été la confirmation triomphante que la fidélité à travers la souffrance mène à la victoire. L'exemple de Jésus nous enseigne que la résilience ne consiste pas à éviter la douleur, mais à embrasser le dessein supérieur de Dieu à travers elle. Sa résurrection est le témoignage ultime que les épreuves aboutissent à la gloire éternelle lorsqu'elles sont endurées avec foi et obéissance. La véritable maîtrise spirituelle se trouve dans le fait de suivre Son exemple : persévérer à travers les épreuves avec une confiance inébranlable dans le plan de Dieu, sachant que chaque lutte nous affine et nous rapproche de Lui.

En pratique, la résilience dans la maîtrise spirituelle peut être cultivée par la prière constante, la méditation sur les Écritures et le soutien de la communauté. La pratique du culte, la recherche de conseils auprès de mentors spirituels et le développement d'une habitude de gratitude sont autant d'éléments qui peuvent contribuer à un esprit résilient. La prière permet aux croyants de se connecter profondément avec Dieu, cherchant Ses conseils et Sa force dans les moments difficiles. La méditation sur les Écritures aide les individus à intérioriser les promesses divines, rappelant la fidélité et l'amour de Dieu. Le soutien de la communauté apporte encouragement et responsabilité, aidant les individus à rester forts dans leur foi.

En vous lançant dans ce voyage à travers la **résilience**, puissiez-vous trouver la force de relever chaque défi, la foi de faire confiance au plan de Dieu et l'espoir qui vous soutiendra dans les moments les plus sombres. C'est un voyage de croissance, de transformation et de détermination inébranlable.

Bienvenue à ***Résilience,*** votre guide pour traverser les tempêtes de la vie et en ressortir plus fort que jamais.

Mon histoire personnelle de résilience

Dans les pages de mon livre, ***Chased by Grace (Poursuivi par la Gra),*** j'offre un puissant témoignage sur la résilience, la foi et la transformation. À travers mon récit profondément personnel, je raconte mon parcours depuis une enfance troublée à une vie marquée par une foi inébranlable, démontrant que l'adversité ne définit pas nécessairement notre avenir. Mon histoire vise à inspirer ceux qui sont confrontés aux difficultés de la vie, en soulignant comment la foi, la persévérance et l'intervention divine peuvent changer la destinée d'une personne.

Surmonter des débuts difficiles

Mon enfance a été marquée par les épreuves et l'incertitude. À seulement quatre ans, mes parents m'ont abandonné en Haïti, une expérience qui a ouvert la voie à une enfance tumultueuse. À l'âge de six ans, j'avais déjà commencé à consommer de l'alcool fort, signe précurseur de l'instabilité et des défis auxquels je devais faire face. Malgré ces débuts difficiles, mon histoire prouve que le passé d'une personne ne dicte pas son avenir. Grâce à ma résilience, j'ai trouvé le moyen de surmonter les circonstances, ce qui montre qu'il est possible de se transformer, même si l'on a connu des débuts difficiles. Mon histoire envoie un message fort : chacun peut briser les schémas générationnels et réécrire son propre destin.

> *"Mes frères, regardez comme un sujet de joie complète les diverses épreuves auxquelles vous pouvez être exposés, sachant que l'épreuve de votre foi produit la patience." (Jacques 1:2-3).*

Embrasser la foi au milieu des défis

L'un des thèmes centraux de mon histoire est le pouvoir de la foi comme force directrice dans les épreuves. J'ai dû faire face à de nombreuses difficultés tout au long de ma vie, mais j'ai trouvé du réconfort et de la force dans ma relation avec Dieu. Mes expériences soulignent l'importance de se tourner vers la foi dans les moments d'adversité et de l'utiliser comme source d'espoir et de direction. En m'appuyant sur mes croyances en Christ, j'ai traversé des moments difficiles et, en fin de compte, j'ai redéfini mon identité et mon objectif. Mon parcours démontre que la foi n'est pas seulement une question de croyance religieuse, mais aussi de confiance en un plan supérieur, même lorsque les circonstances semblent insurmontables.

Des profondeurs du désespoir aux sommets du triomphe spirituel, ***Relentlessly Pursued by God (Poursuivi Sans Relâche par Dieu)*** est la chronique d'un voyage de résilience à la fois bouleversant et inspirant. Ce récit constitue une lueur d'espoir pour ceux qui luttent contre leurs propres épreuves, nous rappelant à tous qu'avec la foi et la persévérance, nous pouvons transformer notre vie et nous élever au-dessus de l'adversité.

Ce qui compte, ce n'est pas de tomber, mais de se relever." - Vince Lombardi.

Arrêter de fumer miraculeusement

Avant de répondre à l'appel du Christ, je menais une lutte incessante contre mon addiction au tabac. Peu importe le nombre de fois où j'essayais d'arrêter, je retombais toujours dans le même schéma, prisonnier de l'emprise de la nicotine. Chaque tentative ratée ne faisait qu'accentuer ma frustration et mon sentiment d'échec, me donnant l'impression que me libérer de cette dépendance était un rêve inatteignable.

Tout a changé lorsque j'ai embrassé la foi. Par la grâce de Dieu et une résilience inébranlable, j'ai vécu une transformation miraculeuse. Le chemin pour arrêter de fumer n'a pas été facile, mais c'est grâce à ma foi que j'ai découvert la force et le soutien nécessaires pour surmonter cette bataille.

Je me souviens très bien du moment décisif où j'ai choisi de remettre mon combat à Dieu, en faisant confiance à Sa sagesse et à Son calendrier divin. Alors que je m'agenouillais pour prier, j'ai ressenti un sentiment de paix et de résolution m'envahir. C'est à ce moment-là que j'ai réalisé que je n'avais pas à relever ce défi seul - Dieu était avec moi à chaque étape du chemin.

Lorsque l'Esprit de Dieu a commencé à agir en moi, j'ai vécu un changement soudain et miraculeux. Grâce à la puissance des déclarations divines, j'ai brusquement arrêté de fumer. C'était comme si un poids avait été enlevé de mes épaules, comme si les chaînes de la dépendance avaient été brisées. L'envie qui contrôlait ma vie avait disparu, remplacée par un nouveau sentiment de liberté et de clarté.

Avec le recul, je suis émerveillé de voir comment la grâce de Dieu et la résilience m'ont aidé à vaincre une dépendance qui me paraissait insurmontable. Mon parcours pour arrêter de fumer est devenu un testament du pouvoir transformateur de la foi. Grâce à cette expérience, j'ai appris que tout est possible avec Dieu et que la véritable résilience s'enracine dans la confiance en Son plan pour nos vies.

Ce voyage miraculeux est un puissant rappel qu'aucun défi n'est trop grand lorsque nous plaçons notre confiance en Dieu. Il souligne l'importance de la foi comme force directrice face à l'adversité et démontre que l'intervention divine peut conduire à des changements profonds et durables. En m'appuyant sur mes convictions et en remettant mes luttes à Dieu, j'ai pu surmonter ce qui me semblait impossible, en ressortant plus fort et plus résilient que jamais.

Le pouvoir transformateur des rencontres spirituelles

Imaginez le calme de la nuit, le monde plongé dans l'obscurité, lorsqu'une présence divine surgit soudainement, rompant le silence.

Il était 3 heures du matin lorsque ma vie a été changée à jamais par une visite angélique, un moment si profond qu'il a modifié le cours même de mon existence. Cette rencontre avec le Christ a été un moment décisif, un phare de lumière qui a réaffirmé ma foi et m'a mis sur la voie de ma véritable vocation. Mon histoire, telle qu'elle est racontée dans ***Relentlessly Pursued by God (Poursuivi Sans Relâche par Dieu)***, témoigne du pouvoir transformateur des réveils spirituels et des changements remarquables qui peuvent se produire lorsque nous nous ouvrons à l'intervention divine.

Cette rencontre divine a été plus qu'un simple éveil spirituel ; elle a marqué un tournant qui a éclairé mon chemin, même dans les moments les plus sombres. Ce sont ces instants qui nous rappellent que le plan de Dieu est toujours à l'œuvre, nous guidant à travers les épreuves les plus difficiles de la vie et nous conduisant vers notre but le plus élevé.

Une autre leçon essentielle que j'ai tirée de mon parcours est l'importance de développer la confiance en soi et la foi en ses capacités. La résilience ne consiste pas seulement à survivre aux épreuves, mais aussi à oser rêver et poursuivre un but plus grand. En surmontant mon passé et en embrassant ma foi, j'ai bâti la confiance nécessaire pour explorer de nouveaux horizons : passant du rôle de DJ en boîte de nuit à celui d'auteur, de conférencier itinérant, de prédicateur et d'entrepreneur. Mon parcours illustre que le véritable succès naît d'une foi inébranlable en soi-même et de la confiance en Dieu Tout-Puissant.

L'histoire de ma vie est un témoignage du pouvoir de la foi et de la résilience. C'est une lueur d'espoir pour tous ceux qui cherchent un renouveau face à l'adversité. D'un passé troublé à un avenir déterminé, ma transformation est une source d'inspiration, prouvant qu'avec la foi, la persévérance et la guidance divine, nous pouvons surmonter n'importe quel obstacle et réaliser le potentiel qui nous est destiné.

Aperçu des figures bibliques et historiques incarnant la résilience

La résilience est une vertu intemporelle, démontrée par d'innombrables personnages à travers l'histoire et les écritures. Leur vie offre de puissantes leçons sur la persévérance, la foi et l'engagement inébranlable envers leur objectif.

Job : Le pilier de la patience et de la foi

L'exemple le plus connu de résilience est sans doute Job. Il a enduré d'immenses souffrances - perdant sa fortune, sa famille et sa santé. Pourtant malgré ces épreuves, il est resté fidèle à Dieu. Finalement, il a été rétabli et béni au-delà de toute mesure. L'histoire de Job nous enseigne que la résilience est profondément liée à la confiance en la sagesse et aux calendriers divins. Malgré les défis écrasants et la douleur émotionnelle intense, la foi et la patience inébranlables de Job illustrent la force spirituelle nécessaire pour traverser les épreuves les plus difficiles de la vie.

Joseph : De la trahison au leadership

Trahi par ses frères, vendu comme esclave et emprisonné à tort, Joseph n'a jamais perdu de vue sa foi. Sa capacité à persévérer à travers les épreuves l'a conduit à devenir un dirigeant influent en Égypte, sauvant de nombreuses vies, y compris celles de sa propre famille. L'histoire de Joseph illustre la manière dont Dieu utilise les épreuves pour nous façonner en vue d'un objectif plus grand. Son parcours, des profondeurs du désespoir à une position de pouvoir, démontre le pouvoir transformateur de la résilience et l'importance de maintenir l'espoir et l'intégrité face à l'adversité.

Moïse : Le leader réticent

Conduire les Israélites hors d'Égypte n'a pas été une tâche facile. Moïse a affronté une immense opposition, des doutes et des difficultés, mais il a continué à faire confiance à la direction de Dieu.

Son endurance et sa foi soulignent l'importance de la persévérance face aux défis. Le leadership de Moïse et son engagement inébranlable dans sa mission, malgré les nombreux obstacles et revers, témoignent de la puissance de la résilience nourrie par la foi. Son histoire nous encourage à persévérer dans nos propres entreprises, sachant que les conseils divins nous guideront même à travers les défis les plus intimidants.

Jésus-Christ : L'incarnation ultime de la résilience spirituelle

Le modèle ultime de résilience, Jésus a enduré le rejet, la souffrance et la crucifixion pour le salut de l'humanité. Son engagement inébranlable envers Sa mission et Sa disposition à souffrir pour une cause plus grande montrent la profondeur de la résilience spirituelle. La vie et le sacrifice de Jésus incarnent l'essence de l'amour désintéressé et de la foi inébranlable. Sa capacité à pardonner et à rester fidèle à Son objectif, malgré la douleur et la souffrance atroces auxquelles il a été confronté, est une source d'inspiration pour cultiver la résilience spirituelle dans nos propres vies.

Nelson Mandela : le champion de la justice et de l'unité

Un exemple moderne de résilience, Nelson Mandela a enduré 27 ans d'emprisonnement avant d'en sortir avec une vision d'unité et de réconciliation. Son histoire nous enseigne que la résilience ne consiste pas seulement à endurer la souffrance, mais à la transformer en une opportunité d'impact plus grand. La persévérance, le courage et l'engagement inébranlable de Mandela en faveur de la justice et de l'égalité, même face à des obstacles apparemment insurmontables, soulignent l'importance de la résilience dans la mise en œuvre d'un changement positif. Son héritage nous rappelle qu'à travers la résilience, nous pouvons surmonter l'adversité et laisser une empreinte durable dans le monde.

Harriet Tubman : la guide de la liberté

Malgré les dangers et les difficultés, Harriet Tubman a aidé de nombreuses personnes réduites en esclavage à retrouve la liberté grâce au chemin de fer clandestin (Underground Railroad). Son courage, sa foi et sa persévérance démontrent le pouvoir de la résilience dans la quête de justice et de liberté. Le dévouement inébranlable d'Harriet Tubman à sa mission, malgré la menace constante d'être capturée et l'immense fardeau physique et émotionnel qu'elle a dû supporter, illustre la force de l'esprit humain. Son histoire nous rappelle avec force que la résilience, animée par un sens profond de l'objectif et de la justice, peut conduire à des réalisations extraordinaires et à la libération d'innombrables vies.

Conclusion

Les vies de ces personnalités remarquables offrent des leçons profondes sur la résilience. Leurs histoires nous rappellent que la résilience ne consiste pas seulement à surmonter des épreuves, mais aussi à garder la foi, l'intégrité et le sens de l'objectif face à l'adversité. En nous inspirant de leurs expériences, nous pouvons cultiver notre propre résilience et relever les défis de la vie avec force et grâce.

Ces figures illustrent que la résilience n'est pas seulement une question de survie, mais aussi de transformation. Elles nous rappellent que les épreuves sont souvent des tremplins vers de plus grandes réalisations et que la foi, la persévérance et un sens inébranlable de la mission permettent de surmonter même les plus grands obstacles. Que ce soit par l'endurance spirituelle ou l'activisme social, la résilience a façonné la vie de ces individus, laissant derrière eux un héritage d'espoir et d'inspiration.

En étudiant leurs vies, nous pouvons apprendre à cultiver la résilience dans nos propres parcours, en étant convaincus que la persévérance dans l'adversité mènera finalement à la croissance et à l'épanouissement. Cette étude nous permet de mieux comprendre les éléments fondamentaux de la résilience : la foi, l'endurance, la capacité d'adaptation et l'engagement à atteindre un objectif. Leur vie nous incite à cultiver la résilience dans notre propre parcours, sachant que nos épreuves servent un objectif plus grand.

Comment ce livre va vous guider à travers les sept étapes clés

Ce livre est votre compagnon de route pour cultiver la résilience, offrant des conseils à la fois pratiques et spirituels. Chaque chapitre approfondit un principe clé qui contribue à un état d'esprit résilient, en proposant des mesures concrètes pour intégrer ces principes dans la vie quotidienne. Voici ce qui vous attend :

Conscience de soi

La compréhension de soi est le fondement de la résilience. En reconnaissant nos forces, nos faiblesses et nos schémas émotionnels, nous pouvons prendre des décisions intentionnelles qui vont dans le sens de la croissance spirituelle. La connaissance de soi est le point de départ de tout voyage de transformation.

Intelligence émotionnelle

La gestion efficace des émotions nous permet de faire face à l'adversité avec sagesse et patience. Ce chapitre explore comment l'intelligence émotionnelle favorise de meilleures relations et une connexion plus profonde avec Dieu. Vous apprendrez à relever les défis de la vie avec grâce et sang-froid.

Objectif et sens

Un but clairement défini donne une direction et une motivation. Ce livre vous aidera à découvrir votre vocation divine et à aligner votre vie avec le grand dessein de Dieu. Comprendre votre objectif vous donnera la force de persévérer à travers les épreuves et la motivation de continuer à aller de l'avant.

Pensée positive

Les personnes résilientes gardent une perspective pleine d'espoir et fondée sur la foi. Nous étudierons comment recadrer les défis à travers le prisme de la foi et de l'optimisme. La pensée positive ne consiste pas à ignorer les difficultés, mais à les aborder avec un état d'esprit qui croit en la croissance et en la rédemption.

Pleine conscience et méditation

Prendre l'habitude de la pleine conscience et de la méditation permet d'approfondir la conscience spirituelle, de réduire le stress et d'améliorer la résilience. Ce chapitre vous guidera pour cultiver une pratique quotidienne qui vous relie plus profondément à votre moi intérieur et à Dieu.

Compétences d'adaptation

La vie est imprévisible, mais apprendre à s'adapter avec grâce et foi nous permet de continuer à grandir malgré les circonstances changeantes. Ce livre vous enseignera les compétences nécessaires pour faire preuve de souplesse et de résilience face aux changements inévitables de la vie, en transformant les défis en opportunités de croissance.

Systèmes de soutien

Personne ne peut s'épanouir dans l'isolement. Ce livre explore l'importance des relations solides, du mentorat et du soutien communautaire dans le développement de la résilience. Vous apprendrez à créer et à entretenir un réseau qui favorise votre bien-être spirituel et émotionnel.

Ce livre est plus qu'un simple guide - c'est une invitation à renforcer votre foi, à développer un état d'esprit inébranlable et à relever les défis de la vie avec confiance et grâce. Alors que vous vous embarquez dans ce voyage, puissiez-vous être en mesure de

cultiver la résilience nécessaire à l'accomplissement de votre vocation divine.

Chaque chapitre vous apportera une sagesse biblique, des exercices pratiques et des exemples concrets pour ancrer ces principes en vous. À la fin de ce voyage, vous aurez une compréhension plus profonde de la résilience et de la manière de l'incarner dans votre marche spirituelle. Ce livre ne vous inspirera pas seulement, il vous équipera également de foi et de force d'âme.

CHAPITRE 1

COMPRENDRE LA RESILIENCE ET LE POUVOIR DE L'ETAT D'ESPRIT

"Il n'y a pas de secrets pour réussir. C'est le résultat de la préparation, du travail acharné et de l'apprentissage de l'échec".
- *Colin Powell*

Définition et importance de la résilience

La résilience est la capacité à surmonter l'adversité, à se relever après des échecs et à en ressortir plus fort face aux défis de la vie. Il ne s'agit pas simplement d'endurer les épreuves, mais d'en tirer des leçons, de s'adapter et de grandir. La résilience permet aux individus d'affronter les difficultés avec courage, de développer une force mentale et émotionnelle et de garder la foi malgré l'incertitude.

Sur le plan spirituel, la résilience est un élément clé d'une vie basée sur la foi. La Bible souligne fréquemment l'importance de la persévérance face aux épreuves. Jacques 1:12 déclare : *"Heureux l'homme qui supporte patiemment la tentation ; car, après avoir été éprouvé, il recevra la couronne de vie, que le Seigneur a promise à ceux qui l'aiment."* Ce verset souligne que la résilience n'a pas seulement de la valeur, mais qu'elle est aussi récompensée aux yeux de Dieu. La persévérance ne consiste pas seulement à endurer la souffrance, mais aussi à garder la foi et la confiance dans le plan de Dieu, même lorsque le chemin est incertain.

La résilience dans la foi consiste à tenir fermement les promesses de Dieu, même face au découragement ou aux difficultés. Elle permet aux croyants de traverser les épreuves avec grâce, en sachant que Dieu utilise ces épreuves pour les fortifier et les affiner. Ceux qui restent fermes dans la foi connaissent une croissance spirituelle et reçoivent des bénédictions divines grâce à leur endurance. La Bible regorge d'exemples de personnes qui ont enduré des épreuves et en sont ressorties plus fortes, démontrant ainsi que la foi et la persévérance vont de pair. En cultivant la résilience, les croyants approfondissent leur relation avec Dieu et renforcent leur confiance en Son plan divin.

La science de la résilience : Perspectives psychologiques et physiologiques

La résilience est à la fois un trait psychologique et un processus physiologique. La psychologie moderne définit la résilience comme une adaptation positive au stress, aux traumatismes ou à l'adversité. Les recherches indiquent que les personnes résilientes possèdent souvent :

Un sens aigu de l'objectif : les personnes qui ont un sens et une orientation clairs sont plus susceptibles de persévérer malgré les difficultés. Ce but sert de point d'ancrage et les aide à rester motivées malgré les difficultés.

Des mécanismes d'adaptation efficaces : Le développement de moyens sains pour faire face au stress, comme la tenue d'un journal, la thérapie ou la recherche d'un soutien social, permet aux individus de traiter l'adversité de manière constructive.

Une intelligence émotionnelle élevée : Comprendre et gérer ses émotions renforce la résilience en favorisant la conscience de soi, l'autocontrôle et l'empathie.

De bonnes compétences en matière de résolution de problèmes : Les personnes résilientes considèrent les obstacles comme des opportunités de croissance et utilisent la pensée stratégique pour surmonter l'adversité.

Sur le plan physique, la résilience est étroitement liée à la façon dont le cerveau et le corps réagissent au stress. Le cortex préfrontal, qui régule les émotions et la prise de décision, joue un rôle crucial dans la résilience. L'amygdale, responsable du traitement de la peur et des réactions émotionnelles, influence également la manière dont une personne réagit à l'adversité. Des études montrent que la pleine conscience, la prière et la respiration profonde peuvent renforcer la résilience du cerveau et réduire les réactions liées au stress.

En outre, le système de réponse au stress de l'organisme, en particulier l'axe hypothalamo-hypophyso-surrénalien (HHS), régule la libération de cortisol, l'hormone du stress. Si les réponses au stress à court terme peuvent être bénéfiques, le stress chronique peut affaiblir la résilience, entraînant anxiété, dépression et problèmes de santé physique. Toutefois, des pratiques intentionnelles telles que la méditation, l'exercice physique et les affirmations fondées sur la foi peuvent améliorer la capacité de l'organisme à gérer le stress en régulant les niveaux de cortisol et en favorisant le bien-être général.

Un autre facteur clé de la résilience physiologique est la neuroplasticité, soit la capacité du cerveau à s'adapter et à se reconfigurer en fonction des expériences vécues. La recherche suggère que le fait de relever de nouveaux défis, d'acquérir de nouvelles compétences et d'entretenir des relations positives peut renforcer les voies neuronales associées à la résilience. Le soutien social joue également un rôle essentiel dans la résilience psychologique et physiologique, car des liens solides avec autrui apportent une stabilité émotionnelle et un encouragement précieux dans les moments difficiles.

Comprendre la résilience d'un point de vue psychologique et physiologique souligne l'importance d'une approche holistique pour la renforcer. En combinant des stratégies mentales, telles que la résolution de problèmes et l'intelligence émotionnelle, avec des pratiques physiologiques, comme l'exercice et la pleine conscience, les individus peuvent développer un état d'esprit résilient qui favorise à la fois le développement spirituel et personnel.

Comment l'état d'esprit façonne la résilience : L'état d'esprit fixe vs. L'état d'esprit de croissance

La perception des défis et des échecs influence considérablement la résilience d'un individu. Les recherches de la psychologue Carol Dweck sur l'état d'esprit fixe et l'état d'esprit de croissance permettent de comprendre comment l'état d'esprit influence la persévérance et la capacité d'adaptation :

L'état d'esprit fixe : Cet état d'esprit considère que les capacités et l'intelligence sont statiques. Les personnes ayant cet état d'esprit considèrent l'échec comme le reflet de leurs limites et évitent les défis qui pourraient révéler leurs faiblesses. Par crainte de l'échec, elles ont tendance à abandonner facilement lorsqu'elles sont confrontées à des difficultés, ce qui limite leur capacité à développer leur résilience. Cet état d'esprit peut conduire à des comportements d'évitement, à la stagnation et à l'incapacité de se remettre efficacement des échecs.

L'état d'esprit de croissance : Cet état d'esprit considère les défis comme des opportunités de croissance. Les personnes qui ont un état d'esprit de croissance acceptent les difficultés et considèrent les échecs comme des leçons et des tremplins vers l'amélioration. Elles reconnaissent que les compétences peuvent être développées grâce à l'effort, l'apprentissage et la persévérance, favorisant ainsi une approche résiliente face aux obstacles de la vie. Ces personnes comprennent que les épreuves ne définissent pas leur valeur, mais constituent des occasions de renforcer leurs compétences et leurs connaissances.

L'état d'esprit de croissance favorise la résilience en aidant les individus à considérer les revers comme des obstacles temporaires plutôt que comme des impasses. Lorsque des difficultés surviennent, les personnes qui ont un état d'esprit de croissance se concentrent sur ce qu'elles peuvent apprendre plutôt que de s'attarder sur leurs limites. Elles cultivent la persévérance, l'optimisme et la capacité d'adaptation, qui sont des traits de caractère essentiels pour surmonter l'adversité. Au lieu de considérer l'échec comme une fin en soi, elles le voient comme une étape nécessaire au progrès et à l'innovation.

En relevant les défis et en les considérant comme des opportunités de croissance, les individus ayant un état d'esprit de croissance développent un sens plus profond de l'objectif et de la motivation. Cette perspective leur permet d'aborder les problèmes de manière proactive, en cherchant des solutions plutôt que de se laisser abattre par la défaite. Ils comprennent que l'effort et la persévérance sont la clé du succès et que les revers font simplement partie du voyage. Cet état d'esprit encourage également l'apprentissage continu et l'amélioration personnelle, car les individus sont plus enclins à prendre des risques et à essayer de nouvelles approches.

En outre, l'état d'esprit de croissance favorise un environnement de soutien où les individus s'encouragent et s'élèvent les uns les autres. Ce sens de la communauté et de la résilience partagée renforce leur capacité à affronter et à surmonter les obstacles ensemble. En fin de compte, cette mentalité de croissance améliore la résilience personnelle et contribue à la croissance collective et à l'innovation. Grâce à cette approche, les individus construisent un socle d'espoir et de confiance qui leur permet de relever les défis de la vie avec grâce et détermination.

Romains 12:2 rappelle aux croyants : *"Ne vous conformez pas au siècle présent, mais soyez transformés par le renouvellement de l'intelligence".* Le renouvellement de l'esprit par la foi et la persévérance renforce une perspective orientée vers la croissance qui permet la résilience. La foi renforce la capacité d'un croyant à surmonter l'adversité en déplaçant son attention des limites personnelles vers le pouvoir et la guidance illimités de Dieu. Lorsque les individus appliquent les principes de l'état d'esprit de croissance en conjonction avec leur foi, ils font l'expérience d'une croissance spirituelle et d'une résilience plus profondes.

Perspective biblique sur la résilience

La Bible est remplie d'histoires d'individus qui ont fait preuve de résilience remarquable face à une grande adversité. Ces récits nous inspirent et nous enseignent la foi inébranlable, la détermination et la capacité de l'esprit humain à endurer et à surmonter les défis. Trois figures emblématiques de la Bible : **Job, Paul et Jésus**. Leurs histoires fournissent des leçons intemporelles sur l'importance de la résilience et de la foi.

Job : Job a été confronté à d'immenses souffrances qui ont mis à l'épreuve sa foi et son caractère. Il a perdu sa fortune, sa santé et sa famille dans une série d'événements dévastateurs qui auraient brisé bien des hommes. Pourtant, à travers tout cela, Job est resté fidèle à sa foi. Détaillée dans le livre de Job, son histoire est une exploration profonde de la souffrance humaine et de la justice divine. Malgré l'insistance de ses amis à dire qu'il devait avoir péché pour mériter un tel châtiment, Job a maintenu son innocence et sa confiance en Dieu. Il a déclaré : *"Voici, il me tuera ; je n'ai rien à espérer ; Mais devant lui je défendrai ma conduite"* (Job 13:15). La résilience de Job nous enseigne qu'une confiance inébranlable en Dieu peut nous soutenir dans nos moments les plus sombres. Sa restauration finale - où il reçoit le double de ce qu'il avait auparavant - démontre que la persévérance et la foi sont finalement récompensées.

Paul : L'apôtre Paul, connu à l'origine sous le nom de Saul, a connu une transformation spectaculaire qui l'a conduit à devenir l'un des plus fervents évangélistes du christianisme. Son voyage a été marqué par la persécution, l'emprisonnement et de nombreuses souffrances, qu'il a endurées pour répandre l'Évangile. Il a subi des coups, des naufrages, des lapidations et d'innombrables épreuves, mais il est resté fidèle à sa mission. Il a écrit avec conviction : *"J'ai appris à être content dans l'état où je me trouve. Je sais vivre dans l'humiliation, et je sais vivre dans l'abondance. En tout et partout, j'ai appris à être rassasié et à avoir faim, à être dans l'abondance et à être dans la disette."* (Philippiens 4:11-12).

La résilience de Paul découlait de sa foi profonde et de son objectif inébranlable. Ses lettres, souvent écrites depuis la prison, continuent d'encourager et d'instruire les chrétiens du monde entier. Sa capacité à trouver la joie et un but malgré d'immenses souffrances illustre la force que peut procurer la foi.

Jésus : Exemple ultime de résilience, Jésus-Christ a dû faire face au rejet, à la trahison et à la crucifixion, mais il est resté fidèle à sa mission divine. De Sa naissance humble dans une mangeoire à son ministère, où il n'avait pas *"où reposer sa tête."* (Matthieu : 8:20), la vie de Jésus a été marquée par le sacrifice et le service.

Malgré l'opposition constante et la trahison de l'un de ses disciples les plus proches, Jésus a continué à prêcher l'amour, le pardon et le salut. Dans le jardin de Gethsémani, il a prié avec ferveur, mais a accepté Son destin en disant : *"Toutefois, que ma volonté ne se fasse pas, mais la tienne."* (Luc 22:42). Sa persévérance dans la souffrance, qui a culminé avec sa mort sur la croix et sa résurrection ultérieure, démontre la puissance du dessein divin et de la foi. La résilience de Jésus est la pierre angulaire de la foi chrétienne, montrant aux croyants qu'il y a de l'espoir et de la victoire même face aux plus grandes adversités.

Ces récits bibliques mettent en lumière l'extraordinaire résilience de Job, Paul et Jésus et nous servent de source d'inspiration aujourd'hui. Ils nous rappellent que nous pouvons trouver la force dans la foi et le but divin, quels que soient les défis auxquels nous sommes confrontés. Leurs exemples nous encouragent à rester inébranlables, à garder espoir et à nous engager en faveur de nos valeurs et de nos convictions, même lorsque le chemin est difficile.

Chacun de ces personnages a traversé les épreuves avec foi et persévérance, donnant l'exemple de la résilience que les croyants sont appelés à cultiver.

La résilience n'est pas un trait inné, mais une compétence qui peut être développée par une pratique intentionnelle. Vous trouverez ci-dessous des stratégies visant à renforcer la résilience, chacune d'entre elles ayant pour but de favoriser un état d'esprit permettant de résister aux défis de la vie et de s'en enrichir.

1. **Revoir sa perception des défis** : Une stratégie puissante pour cultiver la résilience consiste à changer de perspective face aux défis. Au lieu de considérer les difficultés comme des obstacles insurmontables, essayez de les voir comme des opportunités de croissance. Cette restructuration cognitive peut transformer votre approche face à l'adversité et vous permettre d'identifier plus facilement les leçons potentielles et les domaines de développement personnel. Par exemple, lorsqu'un revers professionnel survient, au lieu de vous sentir vaincu, demandez-vous ce que vous pouvez apprendre de cette expérience et comment elle peut vous rendre plus fort à l'avenir. Ce changement d'état d'esprit favorise une attitude proactive et optimiste, essentielle pour la résilience.

2. **Cultiver l'optimisme :** La résilience ne consiste pas à ignorer la réalité des situations difficiles, mais à embrasser l'espoir. Cultiver l'optimisme signifie se concentrer sur les solutions plutôt que sur les problèmes et s'accrocher aux promesses de Dieu. Cette attitude positive favorise la persévérance en vous aidant à maintenir votre motivation et votre sens du but. Les personnes optimistes sont mieux armées pour relever les défis, car elles croient en la possibilité de triompher des obstacles et restent convaincues que des choses positives peuvent émerger, même dans les moments difficiles.

3. **Réguler ses émotions :** La gestion des émotions est essentielle pour garder son sang-froid en cas de stress. La prière, la méditation et la respiration profonde peuvent aider à réguler vos réactions émotionnelles. La prière et la méditation permettent de se connecter à la Source de paix et de bénédictions, apportant réconfort et conseils dans les moments difficiles. Les exercices de respiration profonde apaisent le système nerveux et réduisent le stress, ce qui permet de penser clairement et de prendre des décisions rationnelles. En intégrant ces pratiques à votre routine quotidienne, vous pouvez renforcer votre résilience émotionnelle et mieux gérer les hauts et les bas de la vie.

4. **Développer l'auto-compassion** : Être bienveillant envers soi-même est essentiel pour renforcer sa résilience. Évitez l'autocritique excessive et, au contraire, reconnaissez vos difficultés tout en vous offrant grâce et encouragement. L'auto-compassion consiste à se traiter avec la même gentillesse et compréhension que vous offririez à un ami. Lorsque vous commettez une erreur ou que vous êtes confronté à une situation difficile, rappelez-vous qu'il est normal d'être imparfait et que les revers font naturellement partie de la vie. Cette approche douce peut favoriser un état d'esprit plus résilient en réduisant l'impact négatif de l'auto-jugement et en encourageant l'acceptation de soi.

5. **Établir des liens sociaux solides :** Rechercher le soutien auprès de mentors, de communautés religieuses et d'amis est vital pour la résilience. Des liens sociaux solides constituent un réseau de soutien qui peut offrir des encouragements, des conseils et de la compagnie dans les moments difficiles. Ces relations peuvent vous aider à vous sentir moins isolé et mieux compris, ce qui renforce votre capacité à faire face au stress. En outre, l'engagement communautaire peut procurer un sentiment d'appartenance et d'objectif, contribuant ainsi à accroître votre résilience.

6. **Établir des ancrages spirituels :** La prière régulière, la méditation des Écritures et la réflexion peuvent renforcer votre confiance en la guidance divine. Ces ancrages spirituels fournissent une base de foi qui peut vous soutenir dans les moments difficiles. En vous engageant régulièrement dans des pratiques spirituelles, vous pouvez renforcer votre lien avec une puissance supérieure et trouver paix et orientation. Cette résilience spirituelle vous aide à garder espoir et à persévérer, même face à l'adversité.

7. **Prendre des mesures proactives :** Les personnes résilientes ne restent pas passives face à l'adversité ; elles prennent des mesures stratégiques pour améliorer leur situation. Cette approche proactive consiste à identifier des mesures pratiques pour relever les défis auxquels elles sont confrontées. Qu'il s'agisse d'acquérir de nouvelles compétences pour progresser dans sa carrière, de se fixer des objectifs de développement personnel ou de trouver de nouvelles façons de résoudre les problèmes, l'action vous permet de façonner votre destin. Ce sentiment de contrôle et d'autonomie est un aspect essentiel de la résilience.

En intégrant ces stratégies dans votre vie, vous pouvez cultiver un état d'esprit résilient qui vous permettra de prospérer malgré l'adversité. La résilience ne consiste pas à éviter les difficultés, mais à développer la force et la souplesse nécessaires pour les surmonter avec grâce et détermination.

Questions et exercices de réflexion

Pour renforcer l'apprentissage et l'application personnelle, prenez le temps de réfléchir aux points suivants :

1. Rappelez-vous un moment où vous avez affronté l'adversité. Comment votre état d'esprit a-t-il influencé votre réaction ?
2. Vous identifiez-vous davantage à un état d'esprit fixe ou à un état d'esprit de croissance ? Comment pouvez-vous évoluer vers une perspective de croissance ?
3. Quel est le personnage biblique dont l'histoire de résilience résonne le plus en vous ? Pourquoi ?
4. Comment pouvez-vous cultiver une habitude d'optimisme dans votre vie quotidienne ?
5. Quelles actions concrètes pouvez-vous entreprendre cette semaine pour renforcer votre résilience ?

Exercices pratiques pour la résilience :

- **Tenue d'un journal :** Une méthode efficace pour cultiver la résilience est de tenir un journal. Chaque jour ou chaque semaine, prenez le temps d'écrire sur les défis passés et les leçons que vous en avez tirées. Cette réflexion vous permet d'identifier vos forces, d'analyser vos réactions et de repérer les domaines à améliorer. En documentant votre parcours, vous établirez un bilan personnel de votre résilience qui pourra vous servir de source d'encouragement en cas de difficultés futures.

- **Méditation sur les Écritures :** Réfléchir à des passages spécifiques de la Bible peut renforcer votre résilience en vous rappelant les promesses et les conseils de Dieu. Méditez sur des passages tels que Jacques 1:12, qui parle des bénédictions qui viennent à ceux qui persévèrent dans l'épreuve ; Romains 8:28, qui nous assure que toutes choses concourent au bien de ceux qui aiment Dieu ; et Philippiens 4:13, qui nous rappelle que nous pouvons tout faire par le Christ qui nous fortifie. Passez du temps chaque jour pour réfléchir à ces passages, en laissant leurs vérités s'imprégner profondément dans votre cœur et votre esprit. Cette pratique spirituelle peut vous apporter réconfort, perspective et force.

- **Pratique de la pleine conscience :** Intégrer la pleine conscience dans votre routine quotidienne peut vous aider à maintenir un sentiment de calme et de présence, même en période de stress. Consacrez cinq minutes par jour au calme, en vous concentrant sur la présence et les conseils de Dieu. Vous pouvez le faire en priant, en respirant profondément ou simplement en vous asseyant tranquillement et en étant conscient de vos pensées et vos sentiments sans porter de jugement. La pleine conscience vous aide à rester ancré dans le moment présent, à réduire l'anxiété et à améliorer votre capacité à répondre de manière réfléchie aux défis.

- **Affirmations et déclarations :** Prononcez régulièrement des affirmations fondées sur la foi dans votre vie, telles que "Je suis fort en Christ" ou "Le plan de Dieu pour moi est plus grand que mes épreuves". Ces affirmations puissantes et positives contribuent à renforcer votre foi et votre résilience, vous permettant de rester ferme et plein d'espoir même dans les moments difficiles. En répétant constamment ces vérités, vous alignez vos pensées et vos actions sur les promesses de Dieu, ce qui favorise un état d'esprit de force et de persévérance.
  Cette pratique vous encourage à vous concentrer sur vos croyances spirituelles, ce qui renforce votre capacité à surmonter les obstacles et à conserver une attitude positive. En comprenant la résilience et le pouvoir de l'état d'esprit, les individus peuvent cultiver la force de traverser les épreuves de la vie avec foi, persévérance et maîtrise spirituelle. Le prochain chapitre abordera la connaissance de soi, pierre angulaire de la résilience et du développement personnel.

"

Car je connais les desseins que j'ai sur vous, déclare le Seigneur, desseins de prospérité et non de malheur, desseins qui vous donnent de l'espérance et un avenir.

"

(Jérémie 29:11).

CHAPITRE 2

CONSCIENCE DE SOI : LES FONDEMENTS DE LA RESILIENCE

La signification de la conscience de soi dans un contexte spirituel et psychologique

La conscience de soi consiste à reconnaître et à comprendre ses émotions, ses pensées et ses comportements. Elle constitue le fondement du développement personnel et de la résilience, car elle permet aux individus de réfléchir à leurs forces, faiblesses et schémas de réaction. D'un point de vue psychologique, la conscience de soi est liée à l'intelligence émotionnelle. Elle est essentielle pour réguler les émotions, améliorer les relations et prendre des décisions éclairées.

Sur le plan spirituel, la conscience de soi est la clé qui permet d'aligner ses actions sur le dessein de Dieu. Elle implique de reconnaître ses propres lacunes et de s'efforcer de progresser continuellement sur le plan spirituel. Dans le Psaume 139.23-24, David prie ainsi : "Sonde-moi, ô Dieu, et connais mon cœur ! Éprouve-moi, et connais mes pensées ! Regarde si je suis sur une mauvaise voie, Et conduis-moi sur la voie de l'éternité !". Ce verset souligne l'importance de l'auto-examen et de la recherche de la guidance divine dans notre cheminement vers une meilleure conscience de soi.

Comment la conscience de soi améliore la prise de décision et l'intelligence émotionnelle

La conscience de soi est la pierre angulaire de la croissance personnelle et de la prise de décision efficace. Elle implique une compréhension profonde de ses motivations, émotions et schémas de comportement. Lorsqu'une personne développe sa conscience de soi, elle libère le potentiel nécessaire pour naviguer dans les complexités de la vie avec clarté et détermination. Cette prise de conscience a des répercussions considérables sur l'intelligence émotionnelle et les processus décisionnels, créant ainsi les bases de la réussite personnelle et professionnelle.

- **Reconnaître les schémas émotionnels**

L'un des principaux avantages de la conscience de soi est la capacité à identifier et comprendre ses schémas émotionnels. Les émotions influencent fortement nos comportements, et des réactions émotionnelles non contrôlées peuvent conduire à des décisions impulsives qui peuvent ne pas correspondre à nos objectifs à long terme. Les personnes conscientes d'elles-mêmes peuvent prendre du recul et analyser objectivement les situations en identifiant leurs déclencheurs et leurs réactions récurrentes. Cette capacité de régulation émotionnelle permet d'adopter des actions réfléchies plutôt que des comportements impulsifs. Par exemple, dans les moments de conflit, une personne consciente d'elle-même peut identifier ses sentiments de colère ou de frustration et choisir de réagir calmement, favorisant ainsi un dialogue constructif plutôt que d'intensifier les tensions.

- **Améliorer l'intelligence émotionnelle**

L'intelligence émotionnelle est un ensemble de compétences à multiples facettes qui comprend la conscience de soi, la maîtrise de soi, l'empathie et les compétences sociales. La conscience de soi est le fondement sur lequel reposent les autres composantes de l'intelligence émotionnelle. Lorsque les individus comprennent leurs propres émotions, ils sont mieux préparés à faire preuve d'empathie à l'égard des autres, à communiquer efficacement et à résoudre les conflits. Par exemple, un leader conscient de ses propres émotions peut reconnaître son stress lors d'un projet difficile et utiliser cette compréhension pour compatir aux difficultés de son équipe. Cela crée un environnement de respect mutuel et de collaboration, renforçant les relations et améliorant les performances de l'équipe.

- **Prendre des décisions fondées sur des valeurs**

La prise de décision devient plus authentique et plus cohérente lorsqu'elle est guidée par la connaissance de soi. Les personnes en phase avec leurs valeurs et croyances fondamentales peuvent faire des choix qui reflètent leur intégrité et leurs principes. Cet alignement favorise un sentiment d'utilité et d'accomplissement, car les décisions ne sont pas influencées par des pressions extérieures ou des émotions passagères. Par exemple, un entrepreneur conscient de lui-même peut donner la priorité à la durabilité et aux pratiques éthiques dans son entreprise, même si cela implique de renoncer à des profits à court terme. De telles décisions renforcent la confiance des parties prenantes et contribuent à la réussite à long terme et à la satisfaction personnelle.

- **Améliorer les compétences en matière de résolution de problèmes**

Les biais cognitifs, tels que le biais de confirmation ou le biais d'ancrage, peuvent obscurcir le jugement et entraver la résolution efficace des problèmes. La conscience de soi permet aux individus de reconnaître ces biais et d'aborder les défis de manière plus objective. En remettant en question les hypothèses et en tenant compte de plusieurs perspectives, les personnes conscientes d'elles-mêmes peuvent parvenir à des solutions plus équilibrées et plus innovantes. Par exemple, un manager conscient de lui-même confronté à un problème sur le lieu de travail peut demander l'avis de divers membres de l'équipe, afin de s'assurer que ses décisions sont fondées sur des points de vue différents. Cette approche favorise la créativité et permet d'obtenir de meilleurs résultats.

Le pouvoir transformateur de la de soi

La conscience de soi est une compétence transformatrice qui permet aux individus de vivre de manière plus intentionnelle. Elle améliore l'intelligence émotionnelle en favorisant l'empathie et une communication efficace, renforce la prise de décision en alignant les actions sur les valeurs fondamentales et améliore la résolution des problèmes en atténuant les préjugés. Cultiver la conscience de soi nécessite de la pratique, notamment la pleine conscience, la réflexion et la recherche de retours constructifs. Cependant, les bénéfices - une plus grande résilience émotionnelle, des liens plus profonds et des choix plus judicieux - en valent la peine. En adoptant la conscience de soi, les individus peuvent libérer tout leur potentiel et relever les défis de la vie avec confiance et clarté.

Exemples bibliques de personnes conscientes d'elles-mêmes

La Bible est riche en récits d'individus qui, grâce à une profonde conscience de soi, ont accompli leur dessein divin. Cette conscience de soi ne consistait pas seulement à reconnaître leurs forces, mais aussi leurs faiblesses et leurs limites. Ce faisant, ils se sont ouverts à la croissance, à la transformation et à une dépendance plus profonde à l'égard de Dieu. Examinons deux figures emblématiques : David et Moïse.

David : un cœur repentant

David a fait preuve d'une remarquable conscience de soi tout au long de sa vie, ce qui est particulièrement évident dans sa réaction face à l'échec personnel. Après son péché grave avec Bethsabée, qui impliquait l'adultère et l'assassinat orchestré de son mari, David n'a pas essayé de cacher ou de justifier son méfait lorsqu'il a été confronté au prophète Nathan. Au contraire, il a affronté ses fautes avec humilité.

Dans Psaume 51:10, il implore avec ferveur : *"O Dieu ! Crée en moi un cœur pur, Renouvelle en moi un esprit bien disposé."* Ce plaidoyer sincère n'est pas seulement une confession ; c'est une reconnaissance profonde de son besoin de renouveau intérieur. David comprend que ses actions découlent de l'état de son cœur et cherche sincèrement la puissance transformatrice de Dieu pour purifier et fortifier son esprit.

Sa disposition à reconnaître ses erreurs témoigne d'un haut niveau de conscience de soi. Il ne rejette pas la faute sur autrui et ne cherche pas d'excuses. En admettant ses échecs, il montre l'importance de l'humilité et du repentir. Cette transparence rétablit sa relation avec Dieu et consolide son héritage de leader résilient. Sa capacité à tirer des leçons de ses erreurs et à en tirer parti a fait de lui un roi selon le cœur de Dieu.

En outre, les psaumes de David révèlent souvent qu'un homme est sincèrement en contact avec ses émotions. Il exprime librement la joie, la tristesse, la peur et l'espoir, donnant voix à tout le spectre de l'expérience humaine. Cette honnêteté émotionnelle favorise une connexion authentique avec Dieu et nous fournit des prières intemporelles qui résonnent encore avec nos propres parcours spirituels.

Moïse : Surmonter ses insécurités

L'histoire de Moïse est un autre exemple profond de conscience de soi menant à l'accomplissement divin. Lorsque Dieu l'a appelé à conduire les Israélites hors d'Égypte, Moïse était parfaitement conscient de ses propres faiblesses. Dans Exode 4:10, il répond : *"Ah ! Seigneur, je ne suis pas un homme qui ait la parole facile, et ce n'est ni d'hier ni d'avant-hier, ni même depuis que tu parles à ton serviteur ; car j'ai la bouche et la langue embarrassées"*. Moïse reconnaît ouvertement ses difficultés d'élocution, craignant qu'elles ne le rendent inapte à la tâche monumentale qui l'attend.

Cet aveu n'est pas un manque de foi, mais une évaluation honnête de ses capacités. La conscience que Moïse a de lui-même lui permet d'exprimer ses inquiétudes, ouvrant ainsi la porte à l'intervention divine. Dieu le rassure en lui promettant l'assistance divine et en désignant son frère Aaron pour l'aider à transmettre le message. Ce partenariat met en évidence la façon dont la reconnaissance de nos limites peut conduire à une collaboration des forces et à la provision divine.

Le parcours de Moïse, qui est passé d'un orateur hésitant à un leader puissant, illustre le pouvoir de transformation de la confiance en Dieu par rapport aux insécurités personnelles. La conscience qu'il a de lui-même ne l'entrave pas, mais le pousse à s'appuyer plus profondément sur les conseils de Dieu. Grâce à cette confiance, il accomplit des miracles, affronte Pharaon et conduit son peuple vers la Terre Promise.

De plus, Moïse demande continuellement conseil à Dieu, démontrant ainsi que la conscience de soi est un processus continu. Sa volonté de recevoir des retours, de s'adapter et de progresser fait de lui un modèle de leadership fondé sur l'humilité et l'autoréflexion.

Adopter la conscience de soi dans notre vie

Les histoires de David et Moïse nous enseignent que la conscience de soi n'est pas un signe de faiblesse, mais un chemin vers la force. En évaluant honnêtement nos motivations, nos peurs, nos forces et nos faiblesses, nous nous donnons l'opportunité de grandir et d'être utilisés par Dieu de manière profonde.

Dans le monde rapide d'aujourd'hui, il est facile de négliger l'importance de l'introspection. Pourtant, ces exemples bibliques nous encouragent à faire une pause et à regarder vers l'intérieur. Y a-t-il des aspects de notre vie où nous évitons la vérité sur nous-mêmes ? Sommes-nous prompts à blâmer les circonstances extérieures au lieu d'examiner notre propre cœur ?

Cultiver la conscience de soi peut conduire à de nombreux bénéfices qui transforment nos vies de manière significative.

1. **Croissance personnelle :** En reconnaissant les domaines à améliorer, nous pouvons prendre des mesures délibérées pour devenir de meilleures versions de nous-mêmes. La connaissance de soi nous permet d'identifier nos forces et nos faiblesses, de fixer des objectifs réalistes et d'élaborer des stratégies pour surmonter les difficultés. Ce processus d'amélioration continue de soi favorise la résilience et

l'adaptabilité, ce qui nous permet de faire face plus efficacement aux complexités de la vie. À mesure que nous nous développons sur le plan personnel, nous comprenons mieux nos valeurs, nos croyances et nos motivations, ce qui nous permet de nous épanouir davantage et d'avoir un but plus précis.

2. **Des relations plus profondes :** La conscience de soi améliore notre capacité à être honnête avec nous-mêmes, ce qui nous permet d'être authentiques et sincères avec les autres. Lorsque nous comprenons nos émotions, nos déclencheurs et nos styles de communication, nous pouvons établir des liens plus forts avec ceux qui nous entourent. Cette authenticité favorise la confiance, l'empathie et le respect mutuel, créant ainsi une base solide pour des relations significatives et durables. En étant plus à l'écoute de nos propres besoins et limites, nous pouvons également mieux comprendre et respecter les besoins et limites des autres, ce qui conduit à des interactions plus saines et plus équilibrées.

3. **L'alignement spirituel :** Reconnaître que nous avons besoin de Dieu et rechercher ses conseils, c'est cultiver l'humilité et la dépendance à l'égard d'une puissance supérieure. Cet alignement spirituel nous permet de tirer force et sagesse de notre foi, comme David et Moïse l'ont démontré au cours de leurs parcours. En prenant conscience de nous-mêmes, nous pouvons identifier les domaines dans lesquels nous ne sommes pas à la hauteur et rechercher la grâce et le soutien de Dieu pour grandir spirituellement. Cet alignement approfondit notre connexion avec le divin, nous apportant la paix, un but et une direction dans notre vie.

En adoptant la conscience de soi, nous pouvons entreprendre un voyage transformateur qui enrichit notre croissance personnelle, nos relations et notre bien-être spirituel.

Poursuivre le voyage

En réfléchissant à ces récits, envisagez de prendre le temps de faire un examen de conscience. La tenue d'un journal peut être un outil puissant pour traiter vos pensées et vos sentiments. Posez-vous la question :

- Quels sont les domaines de ma vie qui ont besoin d'une évaluation honnête ?
- Comment puis-je, comme David, rechercher un "cœur pur" et un renouveau dans mon esprit ?
- Y a-t-il des insécurités qui me retiennent, comme elles de Moïse, et comment puis-je inviter la force de Dieu dans ces domaines ?

N'oubliez pas que la conscience de soi est un voyage et non une destination. Il s'agit d'être ouvert à l'apprentissage et à la croissance continue. En empruntant cette voie, nous enrichissons notre vie et devenons des instruments par lesquels les desseins de Dieu peuvent s'accomplir.

Si vous souhaitez approfondir cette question, vous trouverez peut-être utile d'étudier d'autres personnages bibliques comme Pierre, qui, malgré son impulsivité et ses échecs, est devenu un leader fondamental de l'Église primitive. Leurs histoires nous rappellent que Dieu n'exige pas la perfection, mais un cœur honnête et disposé.

Techniques pour développer la conscience de soi

Le développement de la conscience de soi nécessite une réflexion intentionnelle et une pratique régulière. Les techniques suivantes peuvent améliorer la conscience de soi :

1. **Tenue d'un journal :** Le fait d'écrire ses pensées, ses émotions et ses expériences quotidiennes favorise l'introspection et permet d'identifier les schémas récurrents.
2. **Méditation et prière :** La prière et la méditation régulières permettent de se connecter à ses pensées profondes et de rechercher la sagesse divine.

3. **Recherche de feedback :** Demander à des mentors de confiance, à des amis ou à des membres de la famille des retours honnêtes permet d'obtenir des perspectives externes qui révèlent les angles morts.
4. **Pratique de l'introspection :** Le fait de consacrer du temps à l'auto-évaluation permet aux individus d'évaluer leurs comportements, leurs décisions et leurs progrès spirituels.
5. **Contrôles émotionnels :** L'évaluation régulière de ses réactions émotionnelles à diverses situations renforce l'intelligence émotionnelle et l'autorégulation.

Exercices quotidiens pour améliorer la conscience de soi

Pour cultiver efficacement la conscience de soi, il est essentiel d'intégrer des exercices quotidiens. Ces pratiques intentionnelles permettent d'approfondir sa compréhension de soi et de vivre plus authentiquement.

- **Réflexion matinale :** Consacrez quelques minutes chaque matin à définir vos intentions pour la journée et à réfléchir à vos objectifs personnels. Ce moment de calme vous permet d'entrer en contact avec votre 'moi' intérieur avant de commencer la journée. En vous demandant "Qu'est-ce que je veux accomplir aujourd'hui ?" ou "Comment puis-je aligner mes actions avec mes valeurs ?", vous donnez une direction claire à vos décisions et interactions tout au long de la journée.

- **Journal de gratitude :** Noter trois choses pour lesquelles vous êtes reconnaissant favorise un état d'esprit positif et une prise de conscience des bénédictions quotidiennes. Cette pratique simple détourne l'attention de ce qui manque pour se concentrer sur l'abondance qui vous entoure. Au fil du temps, le journal de gratitude peut améliorer votre bien-être général et vous aider à apprécier les petits bonheurs souvent négligés.

- **Revue de fin de journée :** Prenez un moment pour réfléchir à vos interactions, décisions et réactions émotionnelles de la journée afin d'identifier des axes d'amélioration. Posez-vous des questions telles que "Qu'ai-je appris aujourd'hui ?" ou "Comment ai-je géré les défis ?". Cette auto-évaluation favorise la croissance personnelle en mettant en évidence les réussites et en révélant les habitudes à ajuster, ce qui vous permet d'aborder le lendemain avec une vision renouvelée.

- **Méditation sur les Écritures :** Choisissez un verset biblique et prenez le temps de le méditer pour aligner vos pensées et vos actions avec des principes spirituels. L'étude des passages qui résonnent en vous procure sagesse et orientation pour les situations de la vie quotidienne. Cette pratique renforce votre connexion spirituelle et vous aide à incarner les valeurs auxquelles vous aspirez.

- **Exercice de respiration consciente :** S'arrêter pour respirer profondément et se recentrer tout au long de la journée permet d'accroître la pleine conscience et l'équilibre émotionnel. Cet exercice simple réduit le stress et vous ancre dans le moment présent. Intégrer cette pratique dans votre routine vous aide à répondre aux situations de manière réfléchie plutôt qu'impulsive, ce qui améliore vos interactions et votre prise de décision.

En intégrant ces exercices à votre routine quotidienne, vous développez une meilleure connaissance de vous-même et favorisez votre croissance personnelle. Chaque pratique constitue une opportunité de mieux se comprendre et de vivre en harmonie avec son véritable objectif. En adoptant ces habitudes, vous pouvez mener une vie plus intentionnelle et épanouissante, où chaque jour devient une occasion de réflexion et de renouveau.

Études de cas et applications concrètes

La conscience de soi joue un rôle crucial dans le développement personnel, le leadership et la résilience spirituelle. En réfléchissant à ses émotions, à ses pensées et à ses comportements, l'individu peut développer une meilleure compréhension de lui-même et relever plus efficacement les défis de la vie. Les études de cas suivantes mettent en évidence le pouvoir de transformation de la conscience de soi et son impact sur le leadership, la spiritualité et le développement personnel.

L'ascension de John vers le leadership

En tant que directeur d'entreprise, John a dû faire face à des défis importants dans sa vie professionnelle en raison de ses réactions impulsives sous l'effet du stress. Son tempérament vif et son incapacité à gérer ses émotions ont souvent tendu les relations avec ses collègues et les membres de son équipe. Au fur et à mesure que son entreprise se développait, John s'est rendu compte que son style de leadership avait besoin d'être affiné. Pour s'améliorer, il a commencé à rédiger un journal de réflexion. Grâce à cette pratique, il a pu identifier ses déclencheurs émotionnels, comprendre ses schémas de réaction et analyser les émotions sous-jacentes à son impulsivité.

En plus de tenir un journal, John a cherché à bénéficier du mentorat de dirigeants expérimentés qui lui ont fourni des informations précieuses sur la régulation émotionnelle et les stratégies de leadership efficaces. En appliquant les leçons tirées de ses réflexions et de son mentorat, il a développé une plus grande conscience de soi. Il a appris à faire une pause avant de réagir, à évaluer objectivement les situations et à répondre avec sagesse plutôt que par impulsion. Au fil du temps, son style de leadership a évolué, favorisant un environnement de travail positif et encourageant. Son équipe a réagi en faisant preuve d'une confiance et d'un respect accrus, ce qui s'est traduit par une amélioration de la productivité et du moral. Le parcours de John montre comment la conscience de soi peut améliorer l'intelligence émotionnelle et permettre de devenir un leader plus efficace et inspirant.

La croissance spirituelle de Sarah

Sarah, bénévole dévouée au sein de l'église, avait un sentiment d'insatisfaction dans son parcours spirituel. Malgré sa participation active à diverses activités de l'église, elle se sentait déconnectée de sa foi. En quête de clarté, elle s'est tournée vers la méditation des

Écritures et la prière introspective, se réservant chaque jour un temps de réflexion profonde et de communion avec Dieu.

Grâce à cette pratique, Sarah a acquis une connaissance approfondie de sa véritable vocation. Elle s'est rendu compte que sa passion résidait dans l'aide à la communauté plutôt que dans les rôles traditionnels de l'église. Forte de cette nouvelle compréhension, elle a commencé à faire du bénévolat dans des refuges locaux et à organiser des événements communautaires pour soutenir les personnes défavorisées. Son engagement dans ces activités a ravivé sa passion spirituelle, renforçant sa foi et sa résilience.

La transformation de Sarah illustre le pouvoir de la conscience de soi dans la croissance spirituelle. En prenant le temps de réfléchir et d'écouter son for intérieur, elle a trouvé une voie alignée avec ses valeurs et ses talents. Son parcours est une source d'inspiration pour tous ceux qui cherchent à s'épanouir dans leur vie spirituelle.

La transformation de Paul

Paul était pris dans un cycle de pensées négatives qui entravaient sa progression personnelle et professionnelle. Il doutait constamment de ses capacités et considérait les revers comme des échecs personnels. Déterminé à se libérer de cet état d'esprit, il a adopté la tenue d'un journal de gratitude et la réflexion personnelle comme outils de transformation.

Chaque jour, il s'est efforcé de noter des éléments positifs dans sa vie, ce qui lui a permis de déplacer son attention du négatif vers le positif. Peu à peu, cette simple habitude a modifié ses schémas de pensée, lui procurant une vision plus optimiste de la vie.

Parallèlement, l'introspection lui a permis de reconnaître ses forces et d'apprécier ses progrès, renforçant ainsi sa confiance en lui et sa motivation. Grâce à cette nouvelle perspective, Paul a surmonté ses doutes et s'est ouvert à des opportunités de croissance. Son histoire témoigne du pouvoir de la conscience de soi pour surmonter les pensées limitantes et amorcer une transformation personnelle durable.

Ces études de cas mettent en évidence les effets transformateurs de la connaissance de soi dans divers aspects de la vie. Qu'il s'agisse de leadership, de spiritualité ou de croissance personnelle, le développement d'une profonde compréhension de soi dote les individus des outils nécessaires pour relever efficacement les défis. En favorisant la conscience de soi, ils construisent les bases d'une résilience mentale et spirituelle, leur permettant de prendre des décisions judicieuses, de maintenir un équilibre émotionnel et de progresser dans leur foi.

Dans le prochain chapitre, nous explorerons le rôle de l'intelligence émotionnelle dans le renforcement de la résilience et le maintien de l'équilibre spirituel. En comprenant et en gérant efficacement leurs émotions, les individus pourront améliorer leur capacité à persévérer dans l'adversité et à mener une vie épanouissante.

CHAPITRE 3

INTELLIGENCE EMOTIONNELLE ET RESILIENCE

" Contrairement au QI, qui change peu après notre adolescence, l'intelligence émotionnelle semble être largement apprise, et elle continue de se développer au fur et à mesure que nous traversons la vie et apprenons de nos expériences."
- Daniel Goleman

Le rôle de l'intelligence émotionnelle dans la résilience spirituelle et mentale

L'intelligence émotionnelle (IE) est la capacité à reconnaître, comprendre et gérer efficacement les émotions tout en étant à l'écoute des sentiments des autres. Elle joue un rôle crucial dans le développement de la résilience, car les personnes dotées d'une intelligence émotionnelle élevée peuvent facilement surmonter le stress, les revers et l'adversité.

D'un point de vue spirituel, l'intelligence émotionnelle permet aux croyants d'aligner leurs réactions émotionnelles sur les principes bibliques. Proverbes 16:32 déclare : *"Celui qui est lent à la colère vaut mieux qu'un héros, Et celui qui est maître de lui-même, que celui qui prend des villes."* Ce verset souligne l'importance de la maîtrise des émotions dans le développement de la résilience. Les personnes émotionnellement intelligentes gèrent les défis avec sagesse, grâce et foi, plutôt que de réagir impulsivement ou de céder au désespoir.

Les composantes de l'intelligence émotionnelle

Le concept d'intelligence émotionnelle se compose de plusieurs éléments clés qui ont un impact direct sur la résilience. La compréhension et le développement de ces composantes peuvent améliorer de manière significative la capacité d'une personne à faire face aux défis de la vie et à maintenir un bien-être spirituel et émotionnel.

1. **L'autorégulation :** L'autorégulation est la capacité à contrôler ses impulsions émotionnelles, à réfléchir avant d'agir et à rester calme en cas de stress. Elle consiste à gérer ses émotions de manière appropriée et constructive. Jacques 1:19 conseille : *"Ainsi, que tout homme soit prompt à écouter, lent à parler, lent à se mettre en colère"*. Ce verset souligne l'importance de l'autorégulation pour cultiver la patience et éviter les décisions irréfléchies. La pratique de l'autorégulation peut aider les individus à rester calmes et posés face à l'adversité, ce qui facilite la recherche de solutions pratiques et le maintien de relations saines.

2. **La conscience de soi :** La conscience de soi consiste à reconnaître ses émotions et à comprendre leur impact sur ses pensées et comportements. C'est le fondement de l'intelligence émotionnelle, qui permet aux individus d'identifier leurs déclencheurs et leurs schémas émotionnels. Les personnes conscientes d'elles-mêmes sont mieux équipées pour ajuster leurs réactions et maintenir une stabilité spirituelle. En comprenant leurs émotions, ils peuvent prendre des décisions plus éclairées et répondre aux situations avec plus de clarté et de détermination. La conscience de soi encourage également le développement personnel, car elle encourage l'autoréflexion et l'amélioration continue.

3. **L'empathie :** l'empathie est la capacité de comprendre et de partager les sentiments des autres. Elle implique de reconnaître et de valider les émotions d'autrui, renforçant les liens et la compréhension mutuelle. Jésus a fait preuve d'une profonde empathie tout au long de son ministère, témoignant de la compassion aux personnes souffrantes et marginalisées. En développant l'empathie, les individus peuvent construire des relations plus fortes et plus solidaires et créer un sentiment d'appartenance à la communauté. L'empathie améliore également la capacité d'une personne à apporter un soutien émotionnel et des encouragements aux autres, ce qui contribue à la résilience globale.

4. **Les compétences sociales :** Les compétences sociales sont la capacité à établir et entretenir des relations saines grâce à une communication efficace, une écoute active et la résolution de conflits. Elles sont essentielles à la résilience émotionnelle, car elles permettent aux individus de naviguer facilement dans les interactions sociales et de construire un système de soutien solide. Une communication efficace implique de s'exprimer clairement et d'écouter attentivement les autres. L'écoute active favorise la compréhension et la confiance, tandis que les compétences en matière de résolution des conflits permettent de gérer les désaccords de manière constructive. En développant ces compétences, chacun peut renforcer ses relations et accroître sa résilience.

5. **La motivation :** Les personnes émotionnellement intelligentes sont motivées par des valeurs et des objectifs intrinsèques plutôt que par une validation externe. Cette motivation alimente la persévérance face aux défis et aide à rester concentré sur ses objectifs. La motivation intrinsèque consiste à trouver un sens et un accomplissement dans ses actions, ce qui peut conduire à une plus grande satisfaction et à un succès durable. En alignant leurs actions sur leurs valeurs et leur mission de vie, les personnes dotées d'une intelligence

émotionnelle développée conservent une direction et une détermination inébranlables, même face aux obstacles.

Les conséquences de l'ignorance émotionnelle

Contrairement à l'intelligence émotionnelle, l'ignorance émotionnelle peut avoir des effets néfastes sur les aspects personnels et professionnels de la vie :

Manque de conscience de soi

Les personnes ignorantes sur le plan émotionnel peuvent avoir beaucoup de mal à comprendre leurs propres états émotionnels. Ce manque de conscience de soi les empêche de reconnaître lorsqu'elles sont stressées, en colère ou tristes, et donc d'adopter des stratégies pour gérer ces sentiments de manière constructive. Par exemple, elles peuvent réagir avec agressivité envers les autres sans se rendre compte que leur colère découle d'un sentiment de non-reconnaissance au travail. Cette confusion et cette frustration peuvent se répercuter sur leurs relations et leurs performances professionnelles. En l'absence de compréhension de leurs émotions, elles ne peuvent pas identifier les problèmes sous-jacents à ces sentiments, ce qui les conduit à un état perpétuel de troubles émotionnels.

Mauvaise régulation émotionnelle

L'incapacité à réguler efficacement ses émotions peut entraîner des réactions impulsives et souvent destructrices. Les individus ignorants émotionnellement peuvent se retrouver submergés par leurs émotions, ce qui entraîne des accès de colère, des crises de panique ou des blocages émotionnels. Ces réactions peuvent être préjudiciables non seulement à eux-mêmes, mais aussi à leur entourage. Par exemple, une personne qui n'arrive pas à gérer son stress peut réagir durement à une erreur mineure d'un collègue, ce qui nuit aux relations professionnelles et crée un environnement de travail hostile. Avec le temps, cette incapacité à gérer ses émotions peut entraîner un stress chronique, de l'anxiété et d'autres problèmes de santé mentale.

Faible motivation

L'ignorance émotionnelle conduit souvent à un manque de motivation intrinsèque. Ces personnes peuvent avoir du mal à trouver un sens ou un but à leurs activités, ce qui se traduit par un manque d'enthousiasme et de dynamisme. Cela peut se manifester de différentes manières, comme la procrastination, un manque d'objectifs ou une incapacité à honorer des engagements. Dans un cadre professionnel, ce manque de motivation peut entraîner des performances médiocres, des délais non respectés et un sentiment général d'insatisfaction. Sans compréhension des émotions qui motivent leurs actions, ces individus peuvent éprouver des difficultés à rester motivés et engagés, ce qui entraîne un sentiment de stagnation tant sur le plan personnel que professionnel.

Manque d'empathie

L'incapacité à comprendre les émotions d'autrui et à s'y référer peut nuire considérablement aux relations. Les personnes ignorantes sur le plan émotionnel peuvent paraître froides, distantes ou indifférentes, ce qui entraîne des conflits et des malentendus. Par exemple, un manque d'empathie dans une relation amoureuse peut donner à l'un des partenaires le sentiment d'être négligé et mal aimé, ce qui provoque des frictions et, en fin de compte, la rupture de la relation. Dans un environnement professionnel, ce manque d'empathie peut nuire au travail d'équipe médiocre, car ces personnes peuvent avoir du mal à soutenir leurs collègues et à collaborer avec eux de manière efficace. Cette absence de lien émotionnel peut créer un environnement toxique où les individus se sentent sous-estimés et incompris.

Mauvaises aptitudes sociales

L'ignorance émotionnelle se traduit souvent par une communication et des compétences interpersonnelles inefficaces. Les individus peuvent éprouver des difficultés à exprimer leurs émotions de manière constructive, ce qui entraîne des malentendus et des conflits. Ils peuvent également avoir du mal à écouter activement et à répondre de manière appropriée aux émotions des autres. Par exemple, lors d'un conflit, une personne ignorante sur le plan émotionnel peut avoir recours au blâme et à la défensive plutôt que de chercher une solution. Cela peut entraîner des problèmes persistants dans les relations, rendant difficile l'établissement de la confiance et des rapports. Dans un cadre professionnel, de mauvaises compétences sociales peuvent entraver l'évolution de la carrière, car ces personnes auront du mal à établir des relations, à collaborer efficacement et à assumer des rôles de leadership.

En comprenant ces inconvénients, on comprend mieux pourquoi l'intelligence émotionnelle est si cruciale. Le développement de l'intelligence émotionnelle peut aider les individus à gérer leurs émotions de manière plus efficace, ce qui se traduit par un meilleur bien-être et des relations plus épanouissantes.

En conclusion, l'intelligence émotionnelle comprend l'autorégulation, la conscience de soi, l'empathie, les compétences sociales et la motivation. Ces composantes jouent un rôle crucial dans le développement de la résilience et la gestion des défis de la vie. En développant l'intelligence émotionnelle, les individus peuvent améliorer leur capacité à gérer leurs émotions, à établir des relations solides et à maintenir un état d'esprit positif et motivé. En intégrant ces composantes, chacun peut aspirer à une vie plus épanouissante et résiliente, fondée sur un équilibre émotionnel et spirituel.

Ma rencontre personnelle avec l'intelligence émotionnelle

Au cours de ma résidence en tant qu'aumônier à l'hôpital du comté, j'ai vécu une expérience marquante avec l'intelligence émotionnelle qui a transformé de manière significative ma compréhension des émotions et de la résilience. Ayant été confronté à de nombreux épreuves et turbulences tout au long de ma vie, j'avais appris à réprimer et ignorer mes sentiments. Exprimer mes émotions était un concept étranger pour moi, et cela est devenu évident pendant les sessions de groupe avec mes pairs et notre éducateur en pastorale clinique (EPC).

L'un des aspects fondamentaux de nos sessions de groupe consistait à partager nos verbatim de visite. Il s'agissait de raconter ce que nous avions observé dans les chambres des patients, les conversations que nous avions eues, le ton et les émotions exprimés et, surtout, nos propres réactions émotionnelles au cours de chaque visite. Au cours d'une de ces séances, mon éducateur m'a demandé de partager ce que j'avais ressenti au cours d'une visite spécifique. Sans hésiter, j'ai répondu que je n'avais rien ressenti. Cet aveu candide a fait de moi la cible des moqueries humoristiques de la classe et, à partir de ce moment-là, on m'a souvent appelé "l'aumônier sans sentiments".

Bien que ce surnom ait d'abord été une source de frustration et d'embarras, il a finalement agi comme un catalyseur pour mon développement émotionnel. Conscient de ma difficulté à identifier et à exprimer mes émotions, mon éducateur m'a présenté la "roue des émotions". Cette roue est devenue un outil crucial dans mon cheminement vers l'intelligence émotionnelle. La roue des émotions représentait les sentiments de base tels que la paix, la puissance, la joie, la peur, la colère et la tristesse. Chacun de ces sentiments fondamentaux se ramifiait en six émotions secondaires, qui se subdivisaient en six autres émotions tertiaires. Cette représentation visuelle m'a fourni un vocabulaire complet pour reconnaître et exprimer mes émotions avec précision.

Au début de ma résidence, la consultation de la roue des sentiments m'a semblé être un exercice académique sans réel impact personnel. Cependant, au fur et à mesure que je l'utilisais pour réfléchir à mes expériences, une transformation remarquable s'est produite. Lors de chaque visite, j'ai commencé à observer consciemment mes réactions émotionnelles, en consultant la roue pour identifier les nuances de mes sentiments. Ce processus m'a permis de réaliser que les émotions ne sont pas binaires ; elles existent sur un spectre et sont influencées par divers facteurs internes et externes.

Je me souviens d'une visite en particulier qui a marqué un tournant dans mon parcours émotionnel. Je rendais visite à un patient en phase terminale qui était aux prises avec la peur de la mort et le chagrin de laisser ses proches derrière lui. Assis à son chevet, j'ai d'abord ressenti un sentiment de détachement, ne sachant pas comment lui apporter du réconfort. Cependant, en consultant la roue des sentiments, j'ai identifié en moi un mélange complexe d'émotions : la compassion pour la souffrance du patient, le chagrin pour sa perte imminente et un profond sentiment d'impuissance.

Reconnaître ces émotions m'a permis d'établir un lien plus profond avec le patient. Au lieu d'offrir des platitudes, j'ai exprimé mes sentiments sincères et je lui ai offert une oreille attentive. Cette interaction authentique a non seulement apporté du réconfort au patient, mais a également mis en évidence l'importance de l'intelligence émotionnelle dans l'établissement de liens significatifs.

Tout au long de mon année de résidence en aumônerie, j'ai continué à développer mon intelligence émotionnelle. À chaque visite, je suis devenu plus attentif à mon paysage émotionnel, apprenant à reconnaître et à exprimer mes sentiments avec de plus en plus de précision. Ce voyage n'a pas été sans difficultés - il y a eu des moments de vulnérabilité, de doute et de résistance. Cependant, ces défis ont fait partie intégrante de ma croissance et m'ont appris la valeur de la résilience.

J'ai appris que la résilience ne consiste pas à réprimer ou à ignorer les émotions, mais à les accueillir et à les utiliser comme une source de force. L'intelligence émotionnelle est devenue la pierre angulaire de ma résilience, me permettant de naviguer dans les complexités de mon rôle d'aumônier avec empathie, compassion et authenticité. En reconnaissant et en gérant mes émotions, j'étais mieux préparé à accompagner les patients et leurs familles dans leur propre cheminement émotionnel.

En conclusion, ma rencontre avec l'intelligence émotionnelle au cours de ma résidence d'aumônier a été une expérience transformatrice qui a remodelé ma compréhension des émotions et de la résilience. La roue des émotions, initialement un outil de réflexion académique, est devenu un guide de développement personnel, m'aidant à articuler et à gérer mes émotions avec plus de clarté. Ce voyage a mis en évidence l'importance de l'intelligence émotionnelle pour cultiver la résilience, ce qui m'a permis d'offrir un soutien sincère aux personnes dans le besoin et de favoriser une connexion plus profonde avec moi-même et avec les autres.

Le modèle biblique de l'intelligence émotionnelle

Jésus-Christ a incarné l'intelligence émotionnelle dans tous les aspects de sa vie et de son ministère, faisant preuve d'autocontrôle, d'empathie, de sagesse et d'une compassion profonde. Ses interactions avec les autres constituent un modèle intemporel pour comprendre et cultiver l'intelligence émotionnelle d'un point de vue spirituel. Explorons en profondeur quelques exemples clés qui illustrent comment Jésus a vécu ces principes :

La compassion envers les marginalisés : L'un des aspects les plus frappants du ministère de Jésus est sa compassion inébranlable envers les personnes marginalisées par la société. Il a toujours fait preuve d'empathie envers les exclus - les malades, les pécheurs, les pauvres et les opprimés. À une époque où les hiérarchies sociales étaient rigides et où la discrimination était monnaie courante, Jésus a brisé les barrières pour atteindre les cœurs dans le besoin.

Dans Luc 5:12-16, nous lisons que Jésus a guéri un homme atteint de lèpre :

" Comme Jésus était dans une des villes, un homme couvert de lèpre s'y trouvait. Voyant Jésus, il tomba le visage contre terre et lui demanda : 'Seigneur, si tu le veux, tu peux me rendre pur.' Jésus étendit la main, le toucha et dit : 'Je le veux, sois pur.' Aussitôt, la lèpre le quitta. (Version Segond 21)

La lèpre n'était pas seulement une maladie débilitante, mais aussi une source de stigmatisation sociale grave. Les lépreux étaient considérés comme impurs et mis au ban de leur communauté. Jésus a fait preuve d'une empathie radicale et a brisé les normes sociales en tendant la main et en touchant l'homme lépreux. Son contact a été synonyme d'acceptation, d'amour et de guérison physique, émotionnelle et spirituelle.

Cet acte était plus qu'un miracle de guérison ; c'était une déclaration profonde sur la valeur intrinsèque de chaque individu. La volonté de Jésus de s'engager auprès de ceux qui sont considérés comme intouchables nous enseigne l'importance de voir au-delà des conditions extérieures pour voir la personne à l'intérieur. Sa compassion nous incite à faire preuve de bonté et de compréhension à l'égard des personnes marginalisées dans notre société, que ce soit en raison d'une maladie, d'un statut social ou d'un passé difficile.

De plus, Jésus partageait la table avec des collecteurs d'impôts et des pécheurs, au grand dam de l'élite religieuse. Dans Matthieu 9:12-13, il explique :

"Ce ne sont pas ceux qui se portent bien qui ont besoin de médecin, mais les malades. Allez, et apprenez ce que signifie : Je prends plaisir à la miséricorde, et non aux sacrifices. Car je ne suis pas venu appeler des justes, mais des pécheurs."

Son empathie n'était pas sélective, elle était large et inclusive. En embrassant ceux que la société rejetait, Jésus a donné l'exemple d'une intelligence émotionnelle fondée sur l'amour et la compréhension.

La maîtrise de soi face à la confrontation : Tout au long de son ministère, Jésus a été confronté à l'opposition des chefs religieux, au scepticisme du public et même à la trahison de ses propres disciples. Malgré ces défis, il a toujours fait preuve d'une maîtrise de soi et d'un sang-froid remarquables.

Face à l'hostilité des pharisiens, qui cherchaient souvent à le piéger par des questions difficiles, Jésus répondait avec sagesse plutôt qu'avec colère. Dans Matthieu 22:15-22, lorsqu'il a été interrogé sur le paiement de l'impôt à César - une question destinée à le piéger - Jésus a répondu :

"Rendez donc à César ce qui est à César, et à Dieu ce qui est à Dieu."

Cette réponse a permis d'apaiser les tensions et de transmettre une vérité profonde sur le devoir civique et l'allégeance spirituelle. La capacité de Jésus à rester calme sous la pression et à formuler des réponses réfléchies démontre une intelligence émotionnelle exceptionnelle.

L'exemple le plus frappant de sa maîtrise de soi se trouve lors de son arrestation et de sa crucifixion. Dans le jardin de Gethsémani, conscient de l'agonie qui l'attendait, Jésus pria :

"Père, si tu voulais éloigner de moi cette coupe ! Toutefois, que ma volonté ne se fasse pas, mais la tienne." (Luc 22:42, NIV)

Malgré son effroi personnel, il s'est soumis au dessein divin sans ressentiment. Lorsque Pierre, dans un acte impulsif, coupa l'oreille du serviteur du grand prêtre, Jésus l'interrompt immédiatement en disant :

"Remets ton épée à sa place ; car tous ceux qui prendront l'épée périront par l'épée." (Matthieu 26:52, NIV)

Même face à la trahison et à l'injustice, Jésus choisit la voie de la paix et de l'obéissance, conservant son intégrité et sa mission.

Une communication efficace : Jésus était un maître de la communication qui utilisait des paraboles et des récits pour transmettre de profondes vérités spirituelles d'une manière compréhensible. Son enseignement captait l'attention et parlait à des publics variés, rendant les concepts abstraits concrets à travers des images familières.

Les paraboles - des histoires simples aux significations plus profondes - permettaient aux auditeurs de saisir des concepts complexes à travers des scénarios familiers. Par exemple, la parabole du semeur (Matthieu 13:1-23) utilise les images agricoles pour illustrer la manière dont différents cœurs reçoivent la parole de Dieu. En s'appuyant sur des expériences quotidiennes, Jésus rendait ses messages mémorables et percutants.

En outre, Jésus adaptait sa communication à son auditoire. Avec les érudits de la loi, il engageait des discussions théologiques profondes, tandis qu'avec les gens ordinaires, il utilisait un langage simple et des exemples concrets. Sa conversation avec la Samaritaine au puits (Jean 4:1-26) démontre sa capacité à briser les barrières sociales et à communiquer des vérités profondes sur l'adoration et l'identité de manière personnelle et avec compassion.

Son dialogue invitait souvent à la réflexion, encourageant les auditeurs à penser profondément et à parvenir à leur propre compréhension. Cette approche responsabilisait les autres et favorisait un environnement d'apprentissage et de croissance.

Le pardon et la grâce : Le pardon est au cœur du message de Jésus et se manifeste puissamment dans ses actions. Même sur la croix, en plein supplice, il exprime une compassion inouïe envers ses bourreaux :

"Père, pardonne-leur, car ils ne savent ce qu'ils font." (Luc 23:34)

Cette profonde démonstration de grâce envers ceux qui le faisaient souffrir illustre un niveau extraordinaire de résilience émotionnelle et de compassion. Jésus voyait au-delà des actes de ses persécuteurs et choisissait la miséricorde plutôt que la condamnation.

Après sa résurrection, il se manifesta à ses disciples, y compris à Pierre, qui l'avait renié trois fois. Plutôt que de lui reprocher sa faiblesse, Jésus lui confia une mission de restauration :

"Pais mes brebis" (Jean 21:17)

En offrant le pardon, Jésus a rétabli les relations et donné aux autres les moyens d'aller de l'avant malgré les échecs passés.

Son approche nous enseigne que le pardon est une composante essentielle de l'intelligence émotionnelle. Il requiert de la compréhension, de l'empathie et la force d'abandonner le ressentiment. Choisir de pardonner favorise la guérison, tant pour soi-même que pour les relations et les communautés.

Appliquer le Modèle de Jésus à nos vies

Les exemples d'intelligence émotionnelle donnés par Jésus fournissent des leçons pratiques pour notre vie quotidienne. En incarnant ces qualités, nous pouvons cultiver une existence plus résiliente, plus compatissante et plus épanouissante.

1. **Cultiver l'empathie :** Jésus a constamment fait preuve d'empathie tout au long de son ministère. En comprenant consciemment les sentiments et les points de vue des autres, nous pouvons établir des liens plus forts et plus significatifs. Adoptez une attitude d'écoute active, qui vous permet d'entendre et de valider ce que disent les autres. Abordez les interactions avec compassion, en vous mettant à la place des autres. En cultivant l'empathie, vous créez un climat de soutien et d'inclusion où chacun se sent valorisé et compris.

2. **Pratiquer la maîtrise de soi :** Jésus a illustré une grande maîtrise de soi, même dans les situations les plus éprouvantes. Pour garder son sang-froid, il est essentiel de développer des stratégies de gestion des émotions, en particulier dans les situations de stress ou de confrontation. La pleine conscience,

la prière et la réflexion peuvent vous aider à rester centré et à répondre de manière réfléchie plutôt que de réagir de manière impulsive. Comme le recommande Jacques 1:19 : *"Ainsi, que tout homme soit prompt à écouter, lent à parler, lent à se mettre en colère"*. La maîtrise de soi permet d'éviter les décisions hâtives et de faire preuve de patience face à l'adversité.

3. **Améliorer sa communication :** Jésus s'est connecté à des auditoires divers en utilisant un langage qui résonne et des exemples réalistes. Pour établir des connexions authentiques, adaptez votre manière de communiquer selon votre interlocuteur. Cherchez à transmettre votre message de manière claire et efficace, que ce soit par des mots ou des actions. Une bonne communication favorise la confiance, la compréhension mutuelle et la coopération, qui sont essentielles pour construire des relations saines et une résilience émotionnelle durable.

4. **Accepter le pardon :** Accepter le pardon est une leçon profonde enseignée par Jésus, qui souligne son rôle vital dans la guérison et la réconciliation. En abandonnant les rancunes, vous vous libérez du poids de l'amertume, ce qui vous permet d'évoluer vers un cœur plus léger et plus libéré. Pardonner- les autres comme soi-même - est une étape cruciale vers la guérison personnelle et la maturité émotionnelle. Les enseignements de Jésus sur le pardon soulignent l'importance de se libérer du ressentiment et de la colère, qui peuvent constituer des obstacles à la paix intérieure et à des relations saines et équilibrées.

Lorsque vous pardonnez, non seulement vous guérissez votre propre esprit, mais vous ouvrez également la voie à des relations plus fortes et plus harmonieuses avec les autres. Le pardon favorise un sentiment de compassion et de compréhension, vous permettant de voir au-delà des fautes et des erreurs des autres et de vous-même. Il cultive un état d'esprit de grâce et d'empathie essentiel pour des relations significatives et durables.

En outre, le fait d'embrasser le pardon s'aligne sur la croissance spirituelle, car il reflète les valeurs de miséricorde et d'amour inconditionnel que Jésus a démontrées. Cette pratique vous permet d'aller de l'avant avec un sens renouvelé de l'objectif et de la clarté, sans être accablé par les blessures du passé. Par essence, le pardon est un acte transformateur qui nourrit la paix intérieure, renforce les liens et favorise un état d'esprit plus sain et plus résilient.

5. **Diriger avec sagesse :** Jésus cherchait constamment la sagesse à travers la prière et la réflexion, prenant des décisions conformes à ses valeurs et ayant un impact plus large sur les autres. Recherchez la sagesse par des pratiques similaires, en considérant les conséquences de vos choix à long terme. En alignant vos actions sur vos valeurs, vous pouvez diriger avec intégrité et inspirer les autres. La sagesse vous permet de relever les défis avec discernement et détermination, en veillant à ce que vos décisions contribuent au bien commun.

6. **Briser les barrières sociales :** Jésus tendait la main à ceux qui étaient marginalisés ou différents de lui, démontrant ainsi l'importance de l'inclusion et de l'acceptation. Construire des ponts avec des personnes d'origines diverses favorise la compréhension et enrichit les communautés. Vous pouvez créer un environnement plus inclusif et plus favorable en sortant de votre zone de confort et en vous engageant auprès des autres. En brisant les barrières sociales, vous élargissez non seulement votre perspective, mais vous renforcez également le tissu social.

L'intégration dans votre propre vie de ces leçons tirées de l'exemple de Jésus en matière d'intelligence émotionnelle peut conduire à un développement personnel, à des relations plus solides et à un sentiment de but plus profond. Vous pouvez développer un état d'esprit plus résilient et plus compatissant en cultivant l'empathie, en pratiquant la maîtrise de soi, en améliorant les compétences de communication, en adoptant le pardon, en dirigeant avec sagesse et en brisant les barrières sociales. Ces qualités vous aideront à relever les défis de la vie avec grâce et à apporter une contribution positive au monde qui vous entoure.

Conclusion

La vie de Jésus illustre le plus haut niveau d'intelligence émotionnelle, fondée sur l'amour, la compassion et la sagesse. Sa capacité à établir des liens profonds avec les autres, à gérer ses émotions et à naviguer dans des dynamiques sociales complexes offre une feuille de route précieuse pour notre propre développement personnel.

En étudiant Ses interactions et Ses enseignements, nous pouvons apprendre à :

- Réagir à l'adversité avec grâce et patience.
- Construire des relations authentiques basées sur l'empathie et le respect.
- Communiquer efficacement pour inspirer et élever les autres.
- Pratiquer le pardon pour favoriser la guérison et l'unité.

La mise en œuvre de ces principes nécessite un effort intentionnel et une introspection régulière. Envisagez d'intégrer des pratiques telles que :

- **Examen de soi :** Évaluez régulièrement vos émotions et vos réactions. Identifiez les domaines dans lesquels vous pouvez améliorer votre empathie, votre maîtrise de soi ou votre communication.
- **Pleine conscience et prière :** Consacrez du temps à la réflexion ou à la méditation pour vous recentrer et demander conseil.

- **Apprendre à partir des Écritures :** Plongez dans les Évangiles pour découvrir comment Jésus a géré diverses situations. Réfléchissez à la manière dont ces enseignements peuvent s'appliquer aux défis actuels.

N'oubliez pas que le développement de l'intelligence émotionnelle est un parcours. Il s'agit de progrès, non de perfection. En cherchant à suivre l'exemple de Jésus, nous nous ouvrons à une transformation personnelle et à la capacité d'influencer positivement ceux qui nous entourent.

Si vous souhaitez approfondir ce sujet, envisagez de rejoindre un groupe d'étude ou d'en discuter avec d'autres personnes désireuses d'explorer l'intelligence émotionnelle d'un point de vue biblique. Le partage des idées et des expériences peut améliorer votre compréhension et votre mise en pratique de ces principes.

Stratégies pour cultiver l'intelligence émotionnelle

Le développement de l'intelligence émotionnelle (IE) est un processus qui dure toute la vie et demande une pratique intentionnelle. Le renforcement de l'IE améliore la résilience et aide à relever les défis de la vie avec grâce et sagesse. Voici quelques stratégies pour cultiver l'intelligence émotionnelle :

1. **Écoute active :** Au lieu de formuler une réponse pendant que les autres parlent, il faut s'entraîner à s'engager pleinement dans leurs mots et leurs émotions. L'écoute active consiste à se concentrer sur l'interlocuteur, à maintenir un contact visuel et à faire preuve d'empathie par des signaux non verbaux. En écoutant véritablement, vous pouvez mieux comprendre le point de vue des autres et établir des liens plus profonds. Cette pratique permet non seulement de renforcer l'empathie, mais aussi d'instaurer la confiance et d'améliorer la communication.

2. **Résolution des conflits :** Abordez les désaccords avec patience et compréhension plutôt qu'avec défensive. Éphésiens

4:26 conseille : *"Si vous vous mettez en colère, ne péchez point ; que le soleil ne se couche pas sur votre colère."* En résolvant les conflits à la manière du Christ, vous éviterez l'amertume et renforcerez vos relations. Faites preuve de patience, cherchez un terrain d'entente et abordez les conflits avec la volonté de comprendre et de pardonner. Une résolution efficace des conflits favorise l'harmonie et la résilience émotionnelle.

3. **Pleine conscience et réflexion :** La réflexion régulière, par la prière et la méditation, augmente la conscience de soi et aide les individus à gérer leurs émotions de manière constructive. La pleine conscience implique d'être présent dans l'instant et d'observer ses pensées et ses sentiments sans jugement. La prière et la méditation offrent des possibilités d'introspection et de connexion spirituelle, favorisant une meilleure compréhension de soi et de ses émotions. Ces pratiques améliorent la régulation émotionnelle et favorisent la paix intérieure.

4. **Journal des émotions :** Le fait d'écrire ses sentiments, ses déclencheurs et ses réactions permet de mieux comprendre les schémas émotionnels et les domaines dans lesquels il est possible de progresser. La tenue d'un journal vous permet d'exprimer et de traiter vos émotions, d'identifier les thèmes récurrents et de clarifier vos expériences. En documentant votre parcours émotionnel, vous pouvez suivre vos progrès, reconnaître les opportunités de croissance et développer des stratégies pour gérer vos émotions plus efficacement. Le journal favorise la connaissance de soi et la guérison émotionnelle.

5. **Pratique de la gratitude :** La tenue d'un journal de gratitude permet de déplacer l'attention des émotions négatives vers les bénédictions positives, renforçant ainsi la stabilité émotionnelle. Le fait de dresser régulièrement la liste des choses pour lesquelles vous êtes reconnaissant permet de cultiver un état d'esprit positif et d'améliorer le bien-être

émotionnel. Les pratiques de gratitude vous aident à apprécier les aspects positifs de votre vie, à contrer les pensées négatives et à renforcer votre résilience. Le fait de se concentrer sur la gratitude favorise un sentiment de satisfaction et de joie, ce qui favorise la santé émotionnelle globale.

6. **Servir les autres :** Les actes de gentillesse et de service cultivent l'empathie, l'humilité et une intelligence émotionnelle plus profonde. En aidant les autres, vous pouvez développer une meilleure compréhension des différentes perspectives et expériences. Servir les autres favorise un sentiment de connexion et d'utilité, ce qui renforce l'empathie et la compassion. Les actes de gentillesse ne profitent pas seulement à ceux que vous aidez, ils favorisent également votre propre bien-être émotionnel. La participation à des activités de service permet de créer une communauté de soutien et de renforcer la résilience émotionnelle.

En conclusion, le développement de l'intelligence émotionnelle nécessite des efforts délibérés et constants. Vous pouvez améliorer votre intelligence émotionnelle et votre résilience en pratiquant l'écoute active, la résolution efficace des conflits, la pleine conscience, la tenue d'un journal, la gratitude et le service. Ces stratégies favorisent la conscience de soi, l'empathie, la régulation émotionnelle et des relations solides, contribuant ainsi à une vie plus épanouie et plus utile. L'adoption de ces pratiques peut conduire à un développement personnel, à des liens plus profonds et à une plus grande capacité à relever les défis de la vie avec grâce et sagesse.

Exercices pratiques et auto-évaluations

Pour mettre en pratique ces principes, envisagez de vous engager dans les exercices suivants :

1. **Vérification émotionnelle quotidienne :** Prenez quelques minutes chaque matin et chaque soir pour évaluer votre état émotionnel et identifier les déclencheurs ou sources de stress. Cette pratique vous aide à devenir plus conscient de vous-même et à repérer les schémas de vos émotions. En surveillant régulièrement votre bien-être émotionnel, vous pouvez mieux gérer vos réactions et maintenir un équilibre émotionnel tout au long de la journée.

2. **Méditation sur les Écritures :** Choisissez des versets bibliques sur la patience, la maîtrise de soi et l'amour (par exemple, Galates 5:22-23), et réfléchissez à la manière d'incarner ces traits de caractère au quotidien. Passez du temps à méditer sur ces versets et à réfléchir à leur application dans votre vie. Cette pratique approfondit votre connexion spirituelle et renforce les qualités positives qui contribuent à la résilience émotionnelle.

3. **Jeu de rôle pour les conversations difficiles :** Pour renforcer la résilience émotionnelle, entraînez-vous à gérer des discussions difficiles avec un ami de confiance ou un mentor. Le jeu de rôle vous permet de répéter vos réponses, de développer des stratégies de communication efficaces et d'acquérir de l'assurance dans la gestion des conflits. En vous préparant aux conversations difficiles, vous pouvez les aborder avec plus de calme et de maîtrise.

4. **Marche de l'empathie :** Passez du temps à observer et interagir avec des personnes en dehors de votre cercle social habituel afin de développer une meilleure compréhension et une plus grande compassion. Une « marche empathique » consiste à vous immerger dans différents environnements et à

interagir avec des personnes d'horizons divers. Cet exercice vous permet d'élargir votre perspective, de favoriser l'empathie et d'établir des liens plus forts avec les autres.

5. **Pistes de réflexion pour le journal :**

    - **Quelles émotions ai-je ressenties aujourd'hui ? Comment les ai-je gérées ?** Réfléchir à vos émotions quotidiennes vous aide à comprendre votre paysage émotionnel et à identifier les axes d'amélioration.
    - **Comment puis-je réagir de manière plus constructive dans des situations difficiles ?** L'analyse des réactions passées et l'imagination de meilleures réponses peuvent améliorer vos compétences en résolution de problèmes et en intelligence émotionnelle.
    - **Dans quels domaines puis-je faire preuve de plus d'empathie et de compréhension ?** Identifier des occasions d'exprimer de l'empathie vous encourage à être plus compatissant et bienveillant dans vos interactions.

En intégrant ces exercices à votre routine, vous pouvez cultiver un état d'esprit plus résilient et plus intelligent sur le plan émotionnel. La pratique régulière de ces exercices vous aide à développer la conscience de soi, l'empathie et des compétences de communication efficaces, autant d'éléments essentiels pour relever les défis de la vie avec grâce et sagesse. L'adoption de ces principes favorise l'épanouissement personnel, des relations plus solides et un sens plus profond de la raison d'être, ce qui conduit à une vie plus satisfaisante et plus équilibrée.

Le développement de l'intelligence émotionnelle renforce la résilience en permettant aux individus de gérer efficacement leurs émotions, de construire des relations significatives et de maintenir la paix intérieure en cas de défi. En intégrant la sagesse biblique et des stratégies pratiques, nous pouvons renforcer notre résilience émotionnelle et spirituelle, et progresser vers un caractère plus semblable à celui du Christ.

Le prochain chapitre explorera comment cultiver le sens et le but de la vie alimente la résilience sur le long terme.

"Celui qui a un "pourquoi" lui donne un but, peut vivre avec n'importe quel "comment""

- Victor Frankl

CHAPITRE 4

TROUVER UN BUT ET UN SENS POUR UNE FORCE DURABLE

Comment un fort sentiment de but alimente la résilience

Un sens aigu de but donne aux individus la motivation et la persévérance nécessaires pour surmonter l'adversité. Lorsque la vie présente des difficultés, la raison d'être agit comme une ancre, évitant le découragement et le désespoir. Les personnes motivées par un objectif considèrent les obstacles comme des tremplins plutôt que comme des barrières, ce qui leur permet de garder espoir et détermination.

D'un point de vue spirituel, le but aligne les individus avec le plan de Dieu, leur insufflant un sentiment de direction divine. Romains 8:28 nous rappelle : *"Nous savons, du reste, que toutes choses concourent au bien de ceux qui aiment Dieu, de ceux qui sont appelés selon son dessein."* Comprendre que nos épreuves contribuent à un plan plus grand favorise la résilience, aidant à persévérer à travers les incertitudes de la vie avec foi et conviction.

Cultiver la résilience à travers Philippiens 4:13

Philippiens 4:13 déclare : *"Je puis tout par celui qui me fortifie."* Ce verset constitue une base puissante pour cultiver la résilience dans ma propre vie. Grâce à la prière, à la méditation sur la parole de Dieu, au mentorat, au conseil spirituel et à d'innombrables expériences d'essais et d'erreurs, j'ai appris à m'appuyer sur la force de Dieu plutôt que sur la mienne.

La prière a été ma bouée de sauvetage dans les moments difficiles. En cherchant constamment Dieu dans la prière, j'ai trouvé la sagesse et les conseils nécessaires pour relever les défis de la vie. Dans les moments de doute, la prière me rassure en me montrant que je ne suis pas seul dans mes luttes. Chaque prière que je fais renforce mon lien avec Dieu, ma foi et ma résilience.

La méditation sur la parole de Dieu a également été cruciale. La Bible est remplie d'exemples de personnes qui ont enduré des épreuves et en sont ressorties plus fortes grâce à leur foi. En me plongeant dans les Écritures, je me rappelle les promesses de Dieu et la force qu'il m'apporte. Philippiens 4:13 n'est pas seulement un verset, c'est une vérité qui me soutient lorsque des difficultés surgissent.

Le mentorat et le conseil ont joué un rôle important dans la formation de ma résilience. Chercher la sagesse auprès de mentors et de conseillers spirituels m'a permis d'acquérir de nouvelles perspectives et des stratégies pratiques pour faire face à l'adversité. Apprendre des expériences des autres m'a permis de comprendre comment la foi et la persévérance peuvent mener à la croissance.

Les essais et les erreurs ont été essentiels pour renforcer ma résilience. Chaque échec ou revers est devenu une opportunité de croissance. Au lieu de considérer les erreurs comme des obstacles permanents, j'en suis venu à les voir comme des tremplins vers la maturité spirituelle. Chaque expérience a renforcé ma confiance en la force de Dieu plutôt qu'en mes propres capacités.

En outre, la présence d'intercesseurs et de soutiens envoyés par Dieu a été une bénédiction immense. Le fait de m'entourer d'une communauté de croyants m'a encouragé dans les moments difficiles. Les prières et le soutien des autres me rappellent que je ne suis pas seul sur ce chemin. La résilience que je cultive n'est pas seulement la mienne, elle est renforcée par la foi collective et les prières de ceux qui me soutiennent dans la foi.

Grâce à ces pratiques, je continue à cultiver la résilience et à approfondir ma maîtrise spirituelle. Philippiens 4:13 me rappelle que ma force ne vient pas de moi-même, mais du Christ. En appliquant cette vérité quotidiennement par la prière, la méditation sur les Écritures, le mentorat, les épreuves et les erreurs, et le soutien d'une communauté remplie de foi, je suis continuellement équipé pour persévérer à travers les défis de la vie. Mon parcours témoigne de la force durable de Dieu et du pouvoir de transformation d'une foi inébranlable.

En effet, la foi joue un rôle crucial dans la découverte d'un but. Lorsque les individus recherchent les conseils de Dieu par la prière, la méditation et les écritures, ils parviennent à clarifier leur vocation. La vocation personnelle ne se limite pas à la carrière, mais s'étend aux relations, au service et à la croissance spirituelle.

Pour trouver un but grâce à la foi, il est utile d'adopter une approche à multiples facettes qui intègre l'introspection, l'étude, la pleine conscience et le soutien de la communauté.

1. **Se livrer à une réflexion approfondie :** Consacrez du temps à la solitude et à l'introspection. Ce processus consiste à examiner vos passions, vos points forts, et la manière dont ils peuvent servir les autres. La réflexion profonde vous permet de clarifier vos désirs et vos motivations profondes, ce qui vous aide à aligner vos actions sur un objectif plus élevé. La tenue

d'un journal, la méditation ou la prière peuvent faciliter cette découverte de soi.

2. **Étudier les Écritures :** Se plonger dans les enseignements bibliques peut vous permettre de mieux comprendre le dessein de Dieu pour votre vie. La Parole de Dieu offre une sagesse et des conseils qui peuvent éclairer votre chemin. Par exemple, Jérémie 29:11 déclare : *"Car je connais les projets que j'ai formés sur vous, dit l'Éternel, projets de paix et non de malheur, afin de vous donner un avenir et de l'espérance."* Ce verset rassure les croyants sur le fait que Dieu a un plan déterminé et plein d'espoir pour chaque personne.

3. **Écouter la voix de Dieu :** Cultivez la conscience de la guidance divine en prêtant attention aux thèmes et expériences récurrents qui enflamment la passion et le désir de faire la différence. Ces moments sont souvent considérés comme des signaux divins qui vous orientent vers votre objectif. La pleine conscience, la prière ou la contemplation silencieuse peuvent vous aider à discerner ces messages subtils.

4. **Rechercher des conseils avisés :** Consulter des mentors, des pasteurs ou des amis de confiance peut permettre de clarifier et d'affirmer sa vocation. Ces personnes peuvent offrir des perspectives précieuses, des encouragements et des points de vue fondés sur leur expérience et leur compréhension spirituelle. Dialoguer ouvertement avec eux peut vous aider à avancer avec plus de confiance et d'orientation.

En intégrant ces pratiques, vous pouvez vous embarquer pour un voyage de foi bien ciblé, en découvrant votre vocation unique et en réalisant votre potentiel au service des autres et de Dieu.

Figures bibliques et historiques animées d'un objectif inébranlable

À travers l'histoire, des individus ont fait preuve d'une résilience remarquable grâce à leur sens inébranlable de l'objectif. Leur vie est un témoignage puissant montrant comment une mission claire peut nourrir la persévérance et transformer les épreuves en victoires.

1. **Joseph (Figure biblique) :** La vie de Joseph est un profond exemple de résilience et de foi. Vendu comme esclave par ses frères jaloux, puis emprisonné à tort, Joseph n'a jamais perdu de vue son objectif divin. Sa foi inébranlable et sa résilience l'ont conduit à une position de pouvoir en Égypte, où il a interprété les rêves de Pharaon et mis en œuvre un plan pour sauver l'Égypte d'une grave famine. Le leadership et la sagesse de Joseph ont finalement sauvé sa famille et une nation entière de la famine. Son histoire, telle qu'elle est relatée dans Genèse 50:20, illustre comment la foi et la détermination peuvent transformer l'adversité en triomphe.

2. **Paul (Figure biblique) :** Paul, connu à l'origine sous le nom de Saul, a connu une transformation spectaculaire, passant du statut de persécuteur des chrétiens à celui d'un des apôtres les plus influents du Christ. Tout au long de son ministère, Paul a enduré de nombreux emprisonnements, passages à tabac, naufrages et autres épreuves alors qu'il répandait l'Évangile. Son engagement inébranlable dans la mission de Dieu illustre la manière dont la raison d'être soutient les individus dans l'adversité. La résilience et le dévouement de Paul sont illustrés de manière frappante dans Philippiens 3:13-14, où il insiste sur la nécessité de persévérer pour atteindre le but de l'appel de Dieu.

3. **Martin Luther King Jr. (personnage historique) :** Martin Luther King Jr. est reconnu pour son engagement inébranlable en faveur des droits civils et de l'égalité. Face au racisme systémique, à l'opposition et aux menaces personnelles, Martin Luther King est resté fidèle à sa mission d'instaurer la justice par des moyens non violents. Son sens de la vocation divine et son engagement en faveur de l'amour et de l'égalité lui ont

permis de persévérer malgré d'immenses défis. Le leadership et la vision du Dr King ont inspiré une nation et continuent d'inspirer les générations futures à œuvrer en faveur de la justice et de l'égalité pour tous.

Grâce à leur sens inébranlable de l'objectif, ces personnalités ont fait preuve d'une résilience extraordinaire. Elles ont laissé un héritage durable qui continue de nous inspirer et de nous guider aujourd'hui. Leur vie nous rappelle qu'un sens aigu de l'objectif peut apporter la force et la détermination nécessaires pour surmonter les obstacles les plus redoutables.

Stratégies pour découvrir sa mission de vie

Trouver sa raison d'être nécessite une réflexion intentionnelle et des actions concrètes. Les stratégies suivantes peuvent guider chacun à découvrir sa véritable vocation :

- **L'autoréflexion :** Engagez-vous dans une introspection en vous posant des questions profondes. Qu'est-ce qui vous procure le plus de joie et d'épanouissement ? Comment ressentez-vous l'appel à servir les autres ? Quels sont vos dons et talents naturels ? Comment aimeriez-vous être rappelé, et quel héritage souhaitez-vous laisser ? Ces questions peuvent révéler vos passions les plus profondes et orienter votre cheminement.

- **Guidance spirituelle :** Recherchez la direction divine par des pratiques telles que la prière, la méditation et l'étude des Écritures. Ces disciplines spirituelles peuvent vous apporter la clarté et l'affirmation de votre but. La connexion avec le Saint-Esprit vous permet d'acquérir des connaissances et des conseils qui alignent votre vie avec un plan divin supérieur.

- **Évaluation des valeurs :** Identifiez vos valeurs fondamentales afin de vous assurer que les décisions que vous prenez dans votre vie s'alignent sur un objectif plus important. Réfléchissez aux principes qui comptent le plus pour vous et à la manière dont vos actions quotidiennes reflètent ces valeurs. Comprendre vos valeurs vous permet de faire des choix cohérents avec vos croyances et de contribuer à une vie pleine de sens et d'objectifs.

- **Exploration des passions :** Participez à diverses activités et expériences pour clarifier vos intérêts profonds et vos domaines d'influence. Essayer de nouveaux passe-temps, faire du bénévolat et poursuivre des intérêts différents peut vous aider à découvrir ce qui vous passionne et vous comble vraiment. L'exploration de vos passions peut révéler des voies potentielles vers votre objectif.

- **Servir les autres :** Les actes de service révèlent souvent un but. Aider les autres favorise un sentiment d'accomplissement et fournit des informations précieuses sur votre vocation. En contribuant au bien-être des autres, vous pouvez découvrir comment vos talents et capacités uniques peuvent faire une différence positive dans le monde.

En combinant réflexion personnelle, guidance spirituelle, clarification des valeurs, exploration des passions, et service, vous pouvez découvrir votre mission de vie. Chaque stratégie offre un angle unique pour mieux comprendre votre appel et vivre une vie pleine de sens et d'intention.

Exercices quotidiens pour aligner sa vie avec sa mission

Pour intégrer l'objectif dans la vie de tous les jours, envisagez les exercices pratiques suivants :

1. **Intentions du matin :** Commencez chaque journée en définissant une intention motivée. Prenez quelques instants le matin pour réfléchir à ce que vous voulez accomplir et à la manière dont vous pouvez aligner vos actions sur votre objectif

principal. Cette pratique donne un ton positif et ciblé à la journée, en vous aidant à rester attentif à vos objectifs et à vos valeurs.

2. **Journal de gratitude :** Notez les moments où vous vous êtes senti le plus en phase avec votre objectif et les leçons tirées de ces expériences. En tenant un journal de gratitude, vous pouvez saisir et apprécier les moments où vous avez vécu en accord avec votre objectif. Réfléchir à ces moments peut renforcer votre engagement et vous inspirer d'autres actions utiles.

3. **Méditation sur les Écritures :** Réfléchissez aux versets relatifs au but et à la vocation, tels que Éphésiens 2:10 : *"Car nous sommes son ouvrage, ayant été créés en Jésus Christ pour de bonnes œuvres, que Dieu a préparées d'avance, afin que nous les pratiquions"*. La méditation biblique peut vous guider sur le plan spirituel et réaffirmer votre sentiment d'avoir un but. Choisissez des versets qui résonnent avec votre parcours et contemplez leur signification et leur application dans votre vie.

4. **Actes de bonté :** Pratiquez chaque jour des actes de bonté pour renforcer l'habitude de servir. C'est souvent en servant les autres que l'on découvre sa raison d'être, et les petits actes de gentillesse peuvent avoir un impact important. Qu'il s'agisse d'aider un voisin, de faire du bénévolat ou d'offrir un mot gentil, ces actions peuvent renforcer votre sentiment d'accomplissement et de connexion.

5. **Réflexion de fin de journée :** Examinez la manière dont vos actions de la journée ont contribué à la réalisation de votre objectif et envisagez les ajustements nécessaires. Prenez quelques instants avant de vous coucher pour réfléchir à vos réalisations et aux défis que vous avez relevés. Cette pratique vous aide à rester responsable et à affiner continuellement votre approche d'une vie axée sur l'objectif.

En intégrant ces exercices pratiques à votre routine quotidienne, vous pouvez cultiver une vie utile et pleine de sens, fondée sur la volonté, la gratitude, la spiritualité, le service et la réflexion.

Comment le but transforme la souffrance en croissance spirituelle

L'un des aspects les plus puissants de la mission de vie est sa capacité à transformer la souffrance en opportunité de croissance. Lorsque les individus considèrent les épreuves à travers le prisme de la raison d'être, ils donnent un sens à la douleur, permettant à l'adversité de les affiner plutôt que de les briser.

- **L'histoire de Joseph :** Malgré des années de souffrance, Joseph considère que ses épreuves font partie d'un plan divin. Dans Genèse 50:20, il dit à ses frères : *"Vous aviez médité de me faire du mal : Dieu l'a changé en bien, pour accomplir ce qui arrive aujourd'hui, pour sauver la vie à un peuple nombreux"*. Son histoire illustre la façon dont les épreuves préparent les individus à des rôles plus importants.

- **L'endurance de Paul :** Les difficultés rencontrées par Paul ne l'ont jamais détourné de sa mission. Il écrit dans 2 Corinthiens 12:9 : *"et il m'a dit : Ma grâce te suffit, car ma puissance s'accomplit dans la faiblesse"*. Ses souffrances ont approfondi sa foi et renforcé sa résilience intérieure.

- **Témoignages personnels :** De nombreuses personnes ayant souffert d'une maladie, d'une perte ou d'une persécution découvrent par la suite que leurs luttes leur ont permis d'aider d'autres personnes confrontées à des épreuves similaires.

La recherche d'un but transforme la souffrance, source de désespoir, en un catalyseur de développement spirituel et personnel. En embrassant une vocation divine, les individus cultivent la résilience, font face à l'adversité avec confiance et mènent une vie d'accomplissement et de service.

Le chapitre suivant examinera comment un état d'esprit positif renforce la résilience et comment les enseignements bibliques soutiennent le maintien d'une perspective optimiste au quotidien.

"

Au reste, frères, que tout ce qui est vrai, tout ce qui est honorable, tout ce qui est juste, tout ce qui est pur, tout ce qui est aimable, tout ce qui mérite l'approbation, ce qui est vertueux et digne de louange, soit l'objet de vos pensées.

"

Philippiens 4:8

CHAPITRE 5 :

LA PENSEE POSITIVE : CULTIVER UNE PERSPECTIVE ÉDIFIANTE

Comment nos pensées façonnent la réalité et la résilience

Notre façon de penser influence nos émotions, nos comportements et notre perception de la réalité. Une vision positive du monde renforce la résilience, tandis que des pensées négatives peuvent conduire au désespoir et à l'inaction. Proverbes 23:7 déclare : "Car il est comme les pensées de son âme. Mange et bois, te dira-t-il ; Mais son cœur n'est point avec toi." Ce verset souligne que notre état d'esprit détermine nos actions, et que nos actions déterminent nos résultats.

Les personnes résilientes prennent l'habitude de transformer les expériences négatives en opportunités d'apprentissage. Elles considèrent les revers comme des tremplins plutôt que comme des obstacles insurmontables. La recherche scientifique soutient cette idée, en démontrant que la pensée positive permet de mieux gérer le stress, d'améliorer la santé et d'atteindre une excellente stabilité émotionnelle.

De nombreuses études scientifiques ont montré que les personnes qui ont une vision positive des choses bénéficient de nombreux avantages psychologiques et physiologiques. Voici quelques résultats clés :

- **Des niveaux de stress moins élevés :** Les personnes optimistes ont tendance à produire moins de cortisol, l'hormone du stress. Le cortisol est libéré en réponse au stress et peut avoir des effets néfastes sur l'organisme lorsque son taux reste élevé pendant de longues périodes. En gardant une attitude positive, les individus peuvent réduire l'anxiété et la tension physique, ce qui entraîne une baisse du taux de cortisol. Cette réduction du cortisol contribue à un esprit plus détendu et plus calme, ce qui améliore le bien-être général. Des niveaux de stress plus faibles sont associés à une meilleure santé mentale, à une meilleure qualité de sommeil et à une résilience émotionnelle accrue.

- **Amélioration de la santé :** Un état d'esprit positif a été associé à divers avantages pour la santé, tels que :

    - ***Baisse de la tension artérielle :*** La pensée positive peut contribuer à réduire le stress et l'anxiété, ce qui se traduit par une baisse de la tension artérielle. Le stress chronique est un facteur de risque connu d'hypertension, et en gardant une attitude positive, les individus peuvent atténuer ce risque. Les techniques de relaxation, la pleine conscience et une attitude positive contribuent à la santé cardiovasculaire.

    - ***Un système immunitaire plus fort :*** Les personnes optimistes ont tendance à avoir un système immunitaire plus robuste. Des études ont montré qu'un état d'esprit positif peut renforcer la réponse immunitaire, rendant le corps plus efficace pour combattre les infections et les maladies. Ce renforcement du système immunitaire peut se traduire par une diminution du nombre de jours de maladie et une guérison plus rapide.

- ***Une plus grande longévité :*** Une attitude positive a été associée à une plus grande longévité. Les personnes optimistes adoptent souvent des comportements plus sains, tels que l'exercice physique régulier, une alimentation équilibrée et un repos suffisant. Ces habitudes contribuent à la santé et au bien-être général, réduisent le risque de maladies chroniques et favorisent une vie plus longue et plus saine.

- ***Des comportements plus sains :*** Les personnes optimistes sont plus susceptibles d'adopter et de conserver un mode de vie sain. L'exercice régulier, une alimentation nutritive et un repos suffisant sont autant de comportements liés à un état d'esprit positif. Ces habitudes renforcent la santé physique et améliorent le bien-être mental et émotionnel.

- ***Des mécanismes d'adaptation plus sains :*** Une vision positive peut conduire à des mécanismes d'adaptation plus sains pendant la maladie ou la convalescence. Les personnes optimistes sont mieux équipées pour gérer le stress et l'adversité, ce qui peut favoriser une guérison plus rapide et de meilleurs résultats en matière de santé. La pensée positive favorise la résilience, ce qui permet aux individus de rebondir après un échec et de garder espoir.

- ***Amélioration de l'état de santé :*** Des études ont montré que les personnes optimistes ont généralement une meilleure santé. Elles sont moins susceptibles de développer des maladies chroniques telles que les maladies cardiaques, le diabète et la dépression. La pensée positive favorise la santé mentale, réduisant le risque de troubles anxieux et dépressifs.

Ainsi, un état d'esprit positif présente de nombreux avantages pour la santé, allant d'une baisse de la tension artérielle et d'un renforcement du système immunitaire à une augmentation de la longévité et à des mécanismes d'adaptation plus sains. En cultivant l'optimisme et la positivité, les individus peuvent améliorer leur qualité de vie globale, en jouissant d'une meilleure santé, d'une résilience émotionnelle et d'un sentiment de bien-être. Adopter une attitude positive est un outil puissant pour promouvoir la santé et le bonheur à long terme.

- **Amélioration de la capacité à résoudre les problèmes :** Les personnes qui ont une perspective optimiste abordent les défis avec créativité et persévérance. Une perspective positive favorise la résilience, permettant aux individus de considérer les obstacles comme des opportunités de croissance et d'innovation. Les personnes optimistes sont plus susceptibles de rester motivées et proactives dans la recherche de solutions lorsqu'elles sont confrontées à des difficultés. Cet état d'esprit permet de mieux résoudre les problèmes et de s'adapter à l'adversité. En conservant une perspective d'espoir, les individus peuvent surmonter les revers avec plus de facilité et continuer à poursuivre leurs objectifs avec détermination. La capacité à aborder les problèmes de manière constructive et créative favorise la réussite personnelle et professionnelle.

Outre ces résultats scientifiques, un état d'esprit positif est conforme aux enseignements et principes spirituels. Par exemple, Philippiens 4:8 encourage les croyants à se concentrer sur des pensées positives et vertueuses : *"Au reste, frères, que tout ce qui est vrai, tout ce qui est honorable, tout ce qui est juste, tout ce qui est pur, tout ce qui est aimable, tout ce qui mérite l'approbation, ce qui est vertueux et digne de louange, soit l'objet de vos pensées."* Ce verset souligne l'importance de maintenir une attitude positive, car il reflète la foi et la confiance dans les promesses de Dieu.

Se concentrer sur des pensées positives et édifiantes permet de cultiver un état d'esprit qui favorise la croissance spirituelle et le bien-être. La pensée positive améliore non seulement la santé mentale et physique, mais approfondit également le lien avec Dieu, favorisant un sentiment de paix et de but dans la vie. Adopter la positivité, tant sur le plan scientifique que spirituel, peut conduire à une existence plus épanouissante et harmonieuse.

En conclusion, les avantages d'un état d'esprit positif sont considérables, incluant une réduction du stress, une meilleure santé et des capacités accrues de résolution de problèmes. En adoptant une mentalité positive, les individus peuvent jouir d'une meilleure qualité de vie, d'une plus grande résilience émotionnelle et d'un plus grand sens de l'objectif. Que ce soit par le biais de connaissances scientifiques ou d'enseignements spirituels, le pouvoir de la positivité est évident et peut être une force transformatrice dans nos vies.

Le pouvoir de la gratitude, des affirmations et de la méditation sur les Écritures

La pensée positive ne consiste pas seulement à éviter les pensées négatives, mais à cultiver activement un état d'esprit de gratitude, de foi et de confiance. Trois pratiques clés permettent de renforcer cette habitude :

1. **La gratitude :** Des études montrent que la gratitude permet de ne plus se focaliser sur les problèmes mais sur les bénédictions, favorisant une attitude plus positive. Exprimer régulièrement sa gratitude - que ce soit par la prière, la tenue d'un journal ou la reconnaissance verbale - améliore le bien-être émotionnel et la résilience. En reconnaissant et en appréciant les bonnes choses de la vie, les individus peuvent contrer les émotions négatives et développer un état d'esprit plus optimiste. Les pratiques de gratitude aident les individus à reconnaître l'abondance dans leur vie et à créer un sentiment de satisfaction et d'épanouissement.

2. **Affirmations :** Les affirmations positives renforcent la confiance et la foi. En répétant des affirmations, les individus peuvent remodeler leurs pensées et leurs croyances, combattant ainsi le doute et la peur. Les affirmations bibliques telles que *"Je puis tout par celui qui me fortifie"* (Philippiens 4:13) apportent un encouragement spirituel et renforcent la croyance en ses capacités. Les affirmations sont des rappels puissants du potentiel de chacun et aident à construire un état d'esprit résilient, permettant aux individus de faire face aux défis avec confiance et détermination.

3. **Méditation des Écritures :** Méditer sur les promesses de Dieu renforce l'esprit contre la négativité. Des passages tels que (Romains 8:28) *"Nous savons, du reste, que toutes choses concourent au bien de ceux qui aiment Dieu, de ceux qui sont appelés selon son dessein."* rappellent aux croyants le dessein et le soutien de Dieu. En se concentrant sur ces promesses, les individus peuvent cultiver un sentiment de paix et d'assurance, sachant qu'ils sont guidés et soutenus par le Dieu tout-puissant. La méditation des Écritures fournit une nourriture spirituelle et aide les individus à conserver une attitude positive, même dans les moments difficiles.

L'intégration de ces pratiques dans la vie quotidienne peut conduire à un état d'esprit plus positif et plus épanouissant. En cultivant activement la gratitude, la foi et la confiance, les individus peuvent jeter les bases d'un bien-être et d'une résilience durables. Ces pratiques améliorent la santé mentale et émotionnelle et renforcent le lien spirituel et le sens de l'objectif. La pensée positive peut devenir un élément naturel et transformateur de la vie quotidienne grâce à des efforts et à une dévotion constants.

Comment Jésus, Paul et d'autres personnages bibliques pratiquaient la pensée positive

La Bible fournit de nombreux exemples d'individus qui ont conservé un état d'esprit positif malgré des défis extrêmes. Leurs histoires servent de modèles pour cultiver la résilience et la confiance dans le plan de Dieu.

- **Jésus :** Tout au long de Son ministère, Jésus est resté concentré sur Sa mission malgré le rejet, la persécution et la souffrance. Il a constamment renforcé l'espoir et la foi, disant à ses disciples dans Jean 16:33 : *"Vous aurez des tribulations dans le monde ; mais prenez courage, j'ai vaincu le monde."*

- **Paul :** emprisonné, battu et persécuté, Paul a continué à répandre l'Évangile avec une joie inébranlable. Il déclara dans Philippiens 4:11-12 : *"J'ai appris à être content de l'état où je me trouve. Je sais vivre dans l'humiliation, et je sais vivre dans l'abondance."* Sa capacité à trouver un but et une joie dans l'adversité illustre le pouvoir de la pensée positive.

- **Joseph :** Bien qu'il ait été trahi par ses frères et emprisonné, Joseph a gardé espoir, se fiant au plan de Dieu. Sa foi et sa persévérance l'ont finalement conduit à une position de grande autorité, accomplissant ainsi le dessein de Dieu pour sa vie.

Surmonter la négativité et les croyances limitées

Les pensées négatives et les croyances limitantes peuvent entraver la croissance et la résilience. Pour les surmonter, il faut faire un effort intentionnel et s'appuyer sur la foi.

Les étapes pour surmonter les pensées négatives :

Vaincre les pensées négatives nécessite des efforts délibérés et constants. Voici des étapes détaillées pour vous aider à développer un état d'esprit plus positif :

1. **Identifiez les schémas de pensée négatives :** Commencez par reconnaître les pensées négatives récurrentes et examinez leur

validité. Tenez un journal pour suivre ces pensées et identifier les éléments déclencheurs. Remettez en question le fondement de ces pensées et envisagez d'autres perspectives plus positives. Remettre en question la validité des pensées négatives peut réduire le pouvoir qu'elles exercent sur votre état d'esprit.

2. **Remplacez les mensonges par la vérité :** Combattez la peur et le doute par des affirmations basées sur les Écritures. Par exemple, rappelez-vous des vérités bibliques telles que *"Je puis tout par celui qui me fortifie"* (Philippiens 4:13) et *"Car ce n'est pas un esprit de timidité que Dieu nous a donné, mais un esprit de force, d'amour et de sagesse"* (2 Timothée 1:7). Les affirmations fondées sur la foi peuvent renforcer la confiance et dissiper la négativité.

3. **Entourez-vous de positivité :** Fréquentez des personnes, des livres et des médias qui vous encouragent à adopter une attitude optimiste. Passez du temps avec des personnes qui vous inspirent et vous encouragent. La lecture d'ouvrages positifs et la consommation de contenus motivants peuvent influencer considérablement votre état d'esprit et vous aider à conserver une attitude positive.

4. **Pratiquez l'auto-compassion :** Au lieu de vous attarder sur vos erreurs, considérez-les comme des occasions de progresser. Traitez-vous avec la même gentillesse et la même compréhension que vous offririez à un ami. Reconnaissez que tout le monde fait des erreurs et qu'elles font naturellement partie du processus d'apprentissage. L'auto-compassion favorise la résilience et une meilleure image de soi.

5. **Priez pour la force :** Demandez à Dieu de vous guider dans les moments de doute et de renouveler votre foi. La prière apporte réconfort et clarté, en vous aidant à vous recentrer sur votre objectif et à faire confiance au plan de Dieu. La prière

régulière peut renforcer votre relation avec Dieu et vous aider à surmonter les pensées négatives.

En intégrant ces mesures à votre routine quotidienne, vous pouvez cultiver un état d'esprit plus positif et plus résistant, ce qui vous permettra de mener une vie plus épanouissante et pleine de sens.

Exercices pour développer une habitude de pensée positive

Pour cultiver un état d'esprit constamment positif, pratiquez les exercices suivants :

Routine matinale de gratitude : Commencez chaque journée en énumérant trois choses dont vous êtes reconnaissant. Cette simple pratique vous permet de passer des problèmes aux bénédictions et de donner un ton positif à votre journée. Le fait de reconnaître et d'apprécier les aspects positifs de votre vie crée une base de positivité qui peut vous aider à relever les défis à venir.

Pratique de l'affirmation : Prononcez chaque jour des affirmations fondées sur la foi pour renforcer votre confiance dans le plan de Dieu. Des affirmations telles que : *"Je puis tout par celui qui me fortifie"* (Philippiens 4:13) aident à combattre le doute et la peur, en développant un état d'esprit résilient et plein d'espoir. En répétant ces affirmations, vous pouvez remodeler vos pensées et vos croyances, ce qui renforcera votre estime de soi et votre détermination.

Réflexion quotidienne sur les Écritures : Méditez sur des versets bibliques édifiants qui renforcent votre attitude positive. Des versets tels que Romains 8:28 :*"Nous savons, du reste, que toutes choses concourent au bien de ceux qui aiment Dieu"* apportent réconfort et encouragement, vous rappelant les promesses et la direction de Dieu. Réfléchir régulièrement sur ces versets peut renforcer votre foi et améliorer votre bien-être général.

Reformulation des défis : Lorsque vous êtes confronté à des difficultés, posez-vous la question suivante : "Que puis-je apprendre de cette situation ?" plutôt que de vous attarder sur la souffrance qui en résulte. Cette technique de recadrage vous aide à considérer les défis comme des opportunités de croissance et de développement. L'adoption d'un état d'esprit de croissance permet de transformer les obstacles en expériences d'apprentissage précieuses, favorisant ainsi la résilience et l'adaptabilité.

Actes de gentillesse : Les petits actes de gentillesse stimulent l'humeur et renforcent l'habitude de la positivité. Qu'il s'agisse d'aider un voisin, de faire du bénévolat ou de dire un mot gentil, ces actes profitent aux autres et renforcent votre sentiment d'accomplissement et de joie. Les actes de gentillesse créent un effet d'entraînement, répandent la positivité et renforcent les liens avec les autres.

Conclusion

La pensée positive est un outil puissant de résilience et de croissance spirituelle. En façonnant nos pensées, nous influençons nos émotions, nos actions et notre bien-être général. La gratitude, les affirmations et la méditation scripturale nous permettent d'aligner notre état d'esprit sur la foi et la force. Comme l'ont démontré Jésus, Paul et d'autres figures bibliques, le maintien d'une perspective d'espoir nous permet de surmonter l'adversité et de marcher avec confiance dans notre vocation divine.

25 affirmations de pensée positive pour cultiver la résilience

1. Je puis tout par celui qui me fortifie.
2. Chaque défi que je rencontre est une opportunité de croissance.
3. Le plan de Dieu pour moi est plus grand que n'importe quel revers.
4. Je suis fort, courageux et plein de foi.
5. Mes épreuves m'affinent et me rendent plus fort.
6. J'ai confiance dans le calendrier et le dessein divin de Dieu pour ma vie.
7. Chaque échec est une leçon qui mène à une plus grande sagesse.
8. Je choisis la foi plutôt que la peur dans toutes les situations.
9. Dieu est mon refuge et ma force dans la détresse.
10. Ma résilience repose sur les fondations inébranlables de Dieu.
11. Je suis équipé de tout ce dont j'ai besoin pour relever les défis.
12. Je choisis de voir le bon côté de chaque situation.
13. L'amour de Dieu m'entoure et me fortifie chaque jour.
14. Je ne suis jamais seul - Dieu m'accompagne dans toutes les tempêtes.

15. Mon esprit est renouvelé chaque jour par les promesses de Dieu.

16. Je suis victorieux par la foi, la persévérance et la grâce de Dieu.

17. Je ne me décourage pas - la force de Dieu me relève.

18. Ma foi est inébranlable, même dans l'adversité.

19. Je suis reconnaissant pour chaque leçon que la vie m'enseigne.

20. La paix de Dieu remplit mon cœur et apaise mon esprit.

21. Je suis merveilleusement fait avec un but divin.

22. Chaque jour, ma foi et ma sagesse se renforcent.

23. Je me libère du doute et j'embrasse les promesses de Dieu.

24. Je suis patient, sachant que la volonté de Dieu est toujours parfaite.

25. Ma vie est un témoignage de la fidélité inébranlable de Dieu.

Ces affirmations renforcent un état d'esprit résilient en alignant nos pensées sur la vérité et les promesses de Dieu. En prononçant ces affirmations et en y croyant quotidiennement, nous renforçons notre foi, nous persévérons dans les épreuves et nous cultivons la résilience spirituelle.

Dans le prochain chapitre, nous explorerons le rôle de la pleine conscience et de la méditation dans le renforcement de la résilience, l'amélioration de la conscience spirituelle et la promotion de la paix intérieure.

"

Tu assures la paix, la paix,
Parce qu'il se confie en toi.

"

Ésaïe 26:3

CHAPITRE 6

LA PLEINE CONSCIENCE ET LA MEDITATION AU SERVICE DE LA RESILIENCE SPIRITUELLE

Comprendre la pleine conscience d'un point de vue chrétien et scientifique

La pleine conscience est la pratique qui consiste à être pleinement présent dans l'instant, conscient de ses pensées, émotions et de son environnement, sans porter de jugement. Bien qu'elle soit souvent associée à des traditions séculaires, la pleine conscience possède des racines profondes dans les enseignements bibliques, encourageant les croyants à rester spirituellement vigilants et sensibles à la présence de Dieu.

D'un point de vue scientifique, il a été démontré que la pleine conscience améliore la régulation émotionnelle, réduit le stress et améliore le bien-être général. Des études indiquent que les pratiques de pleine conscience peuvent réduire les niveaux de cortisol, la principale hormone de stress du corps, et accroître la neuroplasticité, ce qui permet aux individus de s'adapter plus efficacement aux défis.

Dans un contexte chrétien, la pleine conscience consiste à se recentrer dans la présence de Dieu. Des passages bibliques tels que le Psaume 46:10 : *"Arrêtez, et sachez que je suis Dieu"*, soulignent l'importance de l'immobilité et de la conscience spirituelle. Jésus lui-même a donné l'exemple de la pleine conscience, souvent en se retirant dans des endroits calmes pour prier et réfléchir (Luc 5:16). En intégrant la pleine conscience dans la pratique spirituelle, les croyants développent une plus grande résilience et un lien plus profond avec Dieu.

Comment la pleine conscience aide à gérer le stress et réguler les émotions

Le stress survient souvent lorsque l'on s'attarde sur les regrets du passé ou les inquiétudes de l'avenir. La pleine conscience permet de se concentrer sur le présent, ce qui permet de :

- Réduire l'anxiété en détournant les pensées des préoccupations angoissantes.
- Améliorer la régulation émotionnelle, évitant ainsi les réactions impulsives.
- Clarifier l'esprit, favorisant de meilleures prises de décision.
- Renforcer la résilience en favorisant la paix intérieure et en s'appuyant sur les conseils de Dieu.

Les recherches montrent que les personnes qui pratiquent la pleine conscience présentent des niveaux de dépression plus faibles et une plus grande stabilité émotionnelle. Associée à la prière et à la méditation biblique, la pleine conscience devient un outil puissant pour affronter les incertitudes de la vie avec foi et confiance.

Méditation biblique vs méditation séculière

Alors que la méditation séculière met souvent l'accent sur le détachement et la concentration sur soi, la méditation biblique est centrée sur la connexion avec Dieu et la méditation de Sa Parole. Voici les principales différences entre la méditation séculière et la méditation biblique :

- **Focus (objectif) :** La méditation séculière vise généralement à faire le vide mental et à prendre conscience du moment présent. Des techniques telles que la respiration concentrée, le balayage corporel ou la visualisation sont utilisées pour débarrasser l'esprit des pensées et des distractions. L'objectif est d'atteindre un état de calme intérieur et de relaxation.

  En revanche, la méditation biblique s'attache à remplir l'esprit de la vérité de Dieu et à contempler sa Parole. Cette pratique consiste à lire et à réfléchir sur les Écritures, à intérioriser leurs messages et à appliquer leurs enseignements à sa propre vie. Josué 1:8 souligne l'importance de cette pratique : *"Que ce livre de la loi ne s'éloigne point de ta bouche ; médite-le jour et nuit."* Ce verset souligne la nécessité de s'engager continuellement dans la Parole de Dieu pour guider ses pensées et ses actions.

- **Intention :** L'intention qui sous-tend la méditation séculière est souvent d'atteindre un état de relaxation, de réduire le stress et d'améliorer la conscience de soi. Il s'agit de se centrer sur soi, de calmer l'esprit et de trouver la paix intérieure. Bien que ces objectifs soient bénéfiques, ils se concentrent principalement sur l'expérience intérieure et le bien-être individuel.

  La méditation biblique, en revanche, va au-delà de la relaxation personnelle et de la conscience de soi. Elle implique la contemplation des Écritures, la recherche de la sagesse divine et l'approfondissement de la foi. L'objectif est de se rapprocher de Dieu, de comprendre Sa volonté et d'aligner sa vie sur Ses enseignements. Cette pratique spirituelle encourage les croyants à réfléchir à la nature de Dieu, à Ses promesses et à la manière de vivre selon Ses principes. Il s'agit d'un processus de transformation qui favorise la croissance spirituelle et une relation plus profonde avec le divin.

- **Résultat :** Le résultat de la méditation séculière est souvent une meilleure connaissance de soi et un sentiment de paix intérieure. Les pratiquants peuvent ressentir une diminution de l'anxiété, une meilleure de la concentration et un sentiment accru de bien-être. Elle favorise une meilleure prise de conscience de ses pensées, de ses émotions et de ses sensations physiques, ce qui permet d'améliorer la santé mentale.

  En revanche, le résultat de la méditation biblique est la transformation spirituelle et l'alignement sur la volonté de Dieu. En méditant sur les Écritures, les croyants sont encouragés à intérioriser les enseignements de Dieu et à les laisser façonner leurs pensées, leurs attitudes et leurs comportements. Cette pratique conduit à une compréhension plus profonde de son but, à une foi plus forte et à un lien plus étroit avec Dieu. Il s'agit d'être transformé par le renouvellement de l'esprit, comme le décrit Romains 12:2 : *"Ne vous conformez pas au siècle présent, mais soyez transformés par le renouvellement de l'intelligence, afin que vous discerniez quelle est la volonté de Dieu, ce qui est bon, agréable et parfait."*

En résumé, tandis que la méditation séculière met l'accent sur le détachement, la relaxation et la concentration sur soi, la méditation biblique se concentre sur la connexion avec Dieu et Sa Parole. La méditation biblique vise à remplir l'esprit de la vérité divine ; son intention est de rechercher la sagesse spirituelle et d'approfondir la foi, et son résultat est la transformation spirituelle et l'alignement sur la volonté de Dieu. En s'engageant dans la méditation biblique, les croyants peuvent cultiver une relation profonde et durable avec Dieu, permettant à Sa Parole de guider et de transformer leur vie.

La pratique de la méditation biblique permet aux croyants de grandir dans la foi, de gagner en clarté et d'expérimenter la paix intérieure en s'appuyant sur les promesses de Dieu.

Développer une pratique quotidienne de la méditation

Pour intégrer la pleine conscience et la méditation dans votre vie quotidienne, suivez les étapes suivantes :

Réserver du temps : Choisissez un moment calme chaque jour pour la méditation. La constance étant essentielle, essayez de choisir le moment qui vous convient le mieux, que ce soit tôt le matin, pendant la pause déjeuner ou en soirée. Ce temps dédié vous permet de cultiver une routine et de faire de la pleine conscience une partie intégrante de votre journée.

Choisir une Écriture ou une dévotion : Concentrez-vous sur un passage qui répond à vos besoins spirituels. Le choix d'un texte biblique ou d'une dévotion qui résonne en vous peut orienter et enrichir votre méditation. Réfléchir à un passage significatif vous aide à vous connecter à votre foi et à approfondir votre parcours spirituel.

Pratiquer la respiration profonde : Respirez lentement et intentionnellement pour calmer l'esprit et se préparer à la réflexion. Les techniques de respiration profonde, comme inspirer profondément par le nez et expirer lentement par la bouche, peuvent contribuer à réduire le stress et à améliorer la clarté mentale. Cette pratique permet de centrer les pensées et de créer un état d'esprit paisible propice à la méditation.

S'engager dans la contemplation silencieuse : Réfléchissez au sens de l'Écriture et à la manière dont elle s'applique à votre vie. Prenez le temps de réfléchir sur son message et à sa pertinence par rapport à vos expériences et défis personnels. La contemplation silencieuse vous permet d'intérioriser les enseignements et de découvrir des moyens pratiques de les intégrer dans vos actions et décisions quotidiennes.

Consigner ses pensées dans un journal : Écrire ses idées et ses prières permet d'approfondir sa compréhension et de renforcer sa croissance spirituelle. La tenue d'un journal offre un espace pour documenter vos réflexions, vos émotions et vos révélations. Cette pratique vous aide à suivre vos progrès, à identifier des schémas et à avoir une vision plus claire de votre cheminement spirituel. La tenue d'un journal est également une ressource précieuse pour revisiter vos pensées et votre croissance au fil du temps.

En intégrant ces étapes dans votre routine, vous pouvez cultiver une pratique significative et cohérente de la pleine conscience et de la méditation. Cette approche renforce la connexion spirituelle, favorise le bien-être émotionnel et vous procure un sentiment de paix et de clarté. En adoptant ces pratiques, vous pourrez affronter les défis de la vie avec plus de résilience et de clarté, ce qui vous permettra de mener une vie plus équilibrée et plus satisfaisante.

La constance est la clé. Même cinq minutes de méditation quotidienne peuvent accroître la résilience et renforcer votre foi.

Exercices pratiques pour la pleine conscience et l'ancrage spirituel

Prière respiratoire : Associez une respiration profonde à de courtes prières pour vous connecter à Dieu et trouver la paix intérieure. Par exemple, en inspirant, dites silencieusement : *"Seigneur, accorde-moi la paix"* et, en expirant : *"J'ai confiance en toi"*. Cette pratique aide à calmer le mental et l'esprit, créant un sentiment de tranquillité et de connexion divine. Les prières de respiration peuvent être pratiquées n'importe où et n'importe quand, et constituent un moyen rapide et efficace de se recentrer.

Réflexion de gratitude : Passez du temps chaque jour à reconnaître et à apprécier les bienfaits de votre vie. Cette pratique vous permet de passer des soucis et des pensées négatives à des expériences positives et édifiantes. Vous pouvez le faire en écrivant un journal de gratitude, en listant trois choses pour lesquelles vous êtes reconnaissant chaque jour, ou simplement en réfléchissant à vos bénédictions pendant un moment de calme. La réflexion sur la gratitude favorise un état d'esprit positif, améliore le bien-être émotionnel et renforce la foi.

Promenades dans la nature : Faites régulièrement des promenades dans la nature pour observer attentivement la création de Dieu. Profitez de ces promenades pour faire l'éloge de Dieu et réfléchir. Soyez attentif aux sons, aux couleurs, aux odeurs, et émerveillez-vous devant la beauté de la nature. Cette pratique ne vous met pas seulement en contact avec la création de Dieu, mais favorise également la relaxation et le soulagement du stress. Les promenades dans la nature offrent un environnement paisible propice à la prière et à la contemplation.

Méditation de l'exploration corporelle (Body Scan) : Prenez conscience des différentes parties de votre corps, en relâchant les tensions tout en vous concentrant sur la présence de Dieu. Commencez par le sommet de votre tête et descendez progressivement jusqu'aux orteils, en remarquant toute zone d'inconfort ou de tension. En vous concentrant sur chaque partie de votre corps, invitez la présence de Dieu à vous apporter guérison et détente. Cette pratique vous aide à être plus à l'écoute de votre bien-être physique et spirituel, favorisant ainsi un sentiment de santé holistique.

Lecture réflexive : Lisez lentement et méditez sur un passage biblique, en laissant son sens s'imprégner profondément en vous. Cette pratique suit quatre étapes : la lecture, la méditation, la prière et la contemplation. Choisissez un verset, lisez-le attentivement, méditez sur son sens et son application dans votre vie. Priez pour recevoir l'éclairage du Saint-Esprit, puis restez dans un silence contemplatif en laissant la Parole de Dieu toucher votre cœur. La lecture réfléchie approfondit votre relation avec Dieu et favorise votre croissance spirituelle.

En intégrant ces exercices pratiques à votre routine quotidienne, vous pouvez cultiver la pleine conscience et l'enracinement spirituel. Ces pratiques vous aident à rester connecté à Dieu, à réduire le stress et à développer un sentiment de paix et d'utilité. L'adoption de ces exercices peut conduire à un voyage spirituel plus équilibré et plus satisfaisant.

Études de cas et témoignages sur la pleine conscience dans l'adversité

La pleine conscience et la méditation fondée sur la foi se sont révélées être des outils puissants pour surmonter l'adversité. Les études de cas suivantes mettent en lumière des personnes qui ont appliqué la pleine conscience, la méditation sur les Écritures et la réflexion fondée sur la foi pour surmonter leurs épreuves.

Témoignage de Sarah - Retrouver la paix dans le deuil

Après avoir perdu son mari, Sarah a été submergée par l'anxiété et une tristesse accablantes. Elle s'est sentie perdue et déconnectée de sa foi. Cependant, elle s'est tournée vers des pratiques de pleine conscience telles que la méditation quotidienne des Écritures et la respiration attentive. En méditant sur la Parole de Dieu, en particulier sur les passages qui parlent de sa présence réconfortante, elle a progressivement connu la guérison. Au fil du temps, elle a retrouvé des forces et un sentiment de paix dans l'étreinte de Dieu.

Parcours de Mark - Surmonter le stress au travail

Mark a dû faire face à une pression énorme au travail, ce qui l'a conduit à l'anxiété et à l'épuisement. Pour retrouver l'équilibre, il a adopté des techniques de pleine conscience, incorporant la méditation biblique dans sa routine quotidienne. Il méditait sur Philippiens 4:6-7

- *"Ne vous inquiétez de rien ; mais en toute chose faites connaître vos besoins à Dieu par des prières et des supplications, avec des actions de grâces"*. Ce verset l'a aidé à rester calme sous l'effet du stress et à prendre des décisions plus sages. Sa résilience accrue a transformé son approche du travail, le rendant plus productif et plus centré spirituellement.

Expérience de David - Combattre l'anxiété par la méditation en prière

Diagnostiqué avec un trouble anxieux, David se sentait souvent submergé par ses pensées. Cherchant à se soulager, il a commencé à pratiquer la prière respiratoire et la réflexion sur la gratitude. En se concentrant sur des versets tels que 2 Timothée 1:7 - *"Car ce n'est pas un esprit de timidité que Dieu nous a donné, mais un esprit de force, d'amour et de sagesse"*. Cela lui a permis de transformer ses peurs en confiance en Dieu. Au fil du temps, son anxiété a diminué et il a développé une foi et une confiance plus profondes dans le plan de Dieu.

Conclusion

La pleine conscience et la méditation sont essentielles pour cultiver la résilience, favoriser la stabilité émotionnelle et approfondir la conscience spirituelle. En intégrant la méditation biblique dans leurs habitudes quotidiennes, les croyants peuvent faire face aux défis de la vie avec foi, clarté et paix intérieure. Comme l'indique le Psaume 1:2 : *"Mais qui trouve son plaisir dans la loi de l'Éternel, Et qui la médite jour et nuit !"*. Adopter la pleine conscience dans l'adversité ne signifie pas ignorer les difficultés, mais plutôt les affronter avec un esprit de foi, de force et de confiance en la parole de Dieu.

Le chapitre suivant explorera le pouvoir de l'adaptabilité dans la résilience, offrant des stratégies pratiques pour naviguer dans le changement avec confiance et foi.

CHAPITRE 7

COMPETENCES D'ADAPTATION : PROSPÉRER DANS LE CHANGEMENT

La nécessité de l'adaptabilité dans la croissance spirituelle et personnelle

L'adaptabilité est la capacité à s'adapter à de nouvelles conditions, à naviguer dans l'incertitude et à rester résilient face au changement. La capacité d'adaptation est essentielle au développement spirituel et personnel, car la vie est en constante évolution. Ceux qui résistent au changement éprouvent souvent de la frustration, de l'anxiété et un sentiment de stagnation. À l'inverse, ceux qui embrassent l'adaptabilité deviennent plus forts dans leur foi et leur développement personnel.

Proverbes 19:21 déclare : *"Il y a dans le cœur de l'homme beaucoup de projets, mais c'est le dessein de l'Éternel qui s'accomplit."* Ce verset nous rappelle qu'en dépit de nos efforts pour contrôler les résultats, le plan de Dieu peut nous conduire dans des directions inattendues. Apprendre à se fier à ses conseils et à rester flexible face au changement est la pierre angulaire de la résilience.

Comment cultiver un état d'esprit flexible

Un état d'esprit flexible est un atout précieux pour naviguer dans le paysage en constante évolution de la vie. Cet état d'esprit permet aux individus d'aborder le changement avec ouverture et curiosité plutôt qu'avec crainte et résistance. Cultiver cet état d'esprit implique plusieurs pratiques clés :

1. **Recadrer les défis** : Au lieu de considérer les obstacles comme des barrières insurmontables, considérez-les comme des opportunités de croissance et d'apprentissage. Ce changement de perspective peut transformer la peur en motivation et en dynamisme. Par exemple, le fait d'être confronté à un projet complexe au travail peut être perçu comme une occasion de développer de nouvelles compétences et de faire preuve de résilience.
2. **Accepter l'incertitude** : Reconnaître que le changement fait inévitablement partie de la vie permet aux individus de réagir avec foi plutôt qu'avec crainte. Accepter l'incertitude signifie être à l'aise avec l'inconnu et croire que de nouvelles opportunités se présenteront. Cela implique de renoncer au besoin de contrôle et de trouver la paix dans ce processus.
3. **Développer l'agilité émotionnelle** : Il s'agit de gérer efficacement ses émotions lorsqu'on est confronté à un changement. La pratique de la conscience de soi et de la pleine conscience peut aider les individus à rester présents et ancrés, ce qui facilite la gestion des turbulences émotionnelles. L'agilité émotionnelle permet de s'adapter rapidement et de maintenir l'équilibre dans les moments difficiles.
4. **Rechercher l'apprentissage continu** : Rester ouvert aux nouvelles expériences et aux différentes perspectives est crucial. L'apprentissage tout au long de la vie stimule la curiosité et encourage à explorer des chemins nouveaux, brisant les schémas de pensée rigides.
5. **Faire confiance au plan de Dieu** : Pour ceux qui ont des croyances spirituelles, la confiance en une puissance supérieure peut apporter réconfort et conseils. Renforcer sa foi

en abandonnant le contrôle et en permettant à la sagesse de Dieu de guider les décisions peut offrir un profond sentiment de paix et de direction. Cette confiance favorise la résilience et donne un sentiment d'utilité dans l'incertitude.

6. **Pratiquer l'adaptabilité** : La vie se déroule rarement comme prévu et la flexibilité exige la capacité de s'ajuster lorsque des événements inattendus surviennent. Cultiver un état d'esprit adaptable implique de changer d'approche lorsque c'est nécessaire, de tirer les leçons des expériences et de maintenir une attitude de persévérance dans les moments difficiles.
7. **S'entourer de personnes de confiance** : Un réseau solide de soutien - mentors, amis, frères et sœurs en christ - renforce la résilience. Les encouragements de personnes bienveillants peuvent faciliter l'acceptation du changement en toute confiance.
8. **Utiliser la pleine conscience et la réflexion** : Prendre le temps de réfléchir à ses expériences et pratiquer la pleine conscience peut favoriser la clarté et réduire l'anxiété face à l'avenir. Être pleinement présent permet de mieux comprendre ses réactions et de s'adapter avec plus de sérénité.

Un état d'esprit flexible consiste à s'adapter au changement avec grâce et enthousiasme. Les individus peuvent naviguer dans les méandres de la vie avec confiance et optimisme en recadrant les défis, en acceptant l'incertitude, en développant une agilité émotionnelle, en recherchant l'apprentissage continu et en faisant confiance au plan de Dieu. Ce type de mentalité favorise le développement personnel et contribue à une vie plus épanouissante et plus riche de sens.

Romains 12:2 encourage les croyants à renouveler leur esprit, en déclarant : *"Ne vous conformez pas au siècle présent, mais soyez transformés par le renouvellement de l'intelligence"*. Le renouvellement de l'esprit par une capacité d'adaptation fondée sur la foi garantit la résilience en toute circonstance.

Exemples bibliques de capacité d'adaptation

Le ministère de Paul : L'apôtre Paul a fait preuve d'une remarquable capacité d'adaptation tout au long de son ministère. Il a modifié son approche lorsqu'il a été confronté à la persécution, à l'emprisonnement et à des contextes culturels différents. Sa capacité à exercer son ministère efficacement, malgré des défis constants, a fait de lui l'une des figures les plus influentes de l'histoire chrétienne.

Le courage d'Esther : La reine Esther a fait preuve d'adaptabilité lorsqu'elle a navigué dans les méandres de la politique du palais pour sauver le peuple juif. Sa volonté de changer son approche et de faire confiance au plan de Dieu lui ont permis d'agir avec sagesse et courage.

Le parcours de Joseph : Vendu comme esclave puis élevé à un poste de pouvoir en Égypte, Joseph s'est adapté à chaque situation avec foi et sagesse. Sa capacité à accepter le changement l'a finalement conduit à accomplir le plus grand dessein de Dieu.

Le rôle de la résolution de problèmes et de l'ingéniosité dans la résilience

La résilience et la résolution de problèmes vont de pair, formant un duo dynamique qui permet de relever les défis de la vie avec ténacité et ingéniosité. Face à l'adversité, ceux qui se concentrent sur l'élaboration de solutions plutôt que sur la résolution de problèmes font preuve d'une plus grande persévérance et d'une meilleure capacité d'adaptation. Voici les aspects clés d'une résolution efficace des problèmes :

1. **La pensée critique** : Cela consiste à analyser les situations de manière objective et logique pour déterminer la meilleure marche à suivre. Les penseurs critiques évaluent les informations disponibles, pèsent le pour et le contre et envisagent les résultats potentiels avant de prendre une décision. Cette approche analytique permet de décomposer les

problèmes complexes en étapes gérables, ce qui facilite la recherche de solutions pratiques.

2. **Solutions créatives** : Sortir des sentiers battus est essentiel pour surmonter les obstacles. La résolution créative des problèmes implique d'envisager les défis sous différents angles et de concevoir des approches innovantes. Il peut s'agir de lancer des idées non conventionnelles, d'expérimenter de nouvelles méthodes ou de combiner des solutions existantes de manière inédite. Les solutions créatives naissent souvent de la volonté de prendre des risques et d'explorer des territoires inexplorés.

3. **La prise de décision biblique** : Pour les personnes qui espèrent en Christ, la recherche de la sagesse par la prière et les Écritures peut apporter clarté et direction. La prise de décision biblique consiste à aligner ses choix sur les principes spirituels et à faire confiance au Dieu tout-puissant. Cette pratique peut apporter réconfort et orientation, en particulier en période d'incertitude, en favorisant un sentiment d'utilité et de conviction.

4. **Le réseau et le soutien** : L'utilisation des ressources disponibles, telles que les mentors, la communauté et les leaders spirituels, est cruciale pour relever les défis. La mise en place d'un réseau de soutien solide permet d'accéder à diverses perspectives, à des conseils et à des encouragements. Les mentors peuvent offrir des perspectives et des conseils précieux fondés sur leur expérience. Dans le même temps, les leaders communautaires et spirituels peuvent apporter un soutien émotionnel et de la sagesse. La résolution collaborative des problèmes et la recherche du soutien des autres peuvent déboucher sur des solutions plus solides et plus pratiques.

5. **L'ingéniosité et l'adaptabilité** : Les personnes débrouillardes savent tirer le meilleur parti de ce qu'elles ont. Elles identifient

des itinéraires alternatifs et maximisent les outils et les connaissances disponibles. Au lieu de considérer les limitations comme des obstacles, elles trouvent des moyens créatifs de travailler avec les contraintes. Cette mentalité proactive renforce la résilience en maintenant un esprit orienté vers la solution, même face à l'adversité.

Par essence, la résilience est renforcée par la résolution efficace des problèmes et une grande capacité d'adaptation. En perfectionnant la pensée critique, la créativité, la prise de décision biblique et le recours au soutien, chacun peut développer un état d'esprit résilient qui leur permet d'affronter l'adversité avec courage et détermination. Cette approche proactive favorise la croissance personnelle et mène à une vie plus épanouie et centrée sur un but.

Philippiens 4.13 renforce la résilience par la foi en affirmant : *"Je puis tout par le Christ qui me fortifie"*. Cette promesse encourage les croyants à aborder les difficultés avec confiance et à s'en remettre à l'aide divine.

Comment prendre des décisions judicieuses sous pression

Garder son sang-froid, rechercher des conseils et faire confiance à la sagesse de Dieu sont des éléments essentiels pour prendre des décisions éclairées dans des situations de forte pression. Prendre des mesures délibérées peut vous aider à traverser ces moments avec clarté et confiance. Voici les étapes à considérer :

Faire une pause et prier : Avant de réagir de manière impulsive, prenez le temps de rechercher la guidance divine par la prière. Cette pause vous permet de vous recentrer et d'inviter la sagesse de Dieu dans le processus de prise de décision. Cette étape vous aide à aborder la situation avec un cœur calme et ouvert, prêt à recevoir des éclaircissements et une direction.

Rassembler les informations : Évaluez la situation en profondeur pour faire un choix éclairé. Rassemblez tous les faits et données pertinents et demandez l'avis de sources fiables. Comprendre toute la portée de la situation vous permet d'évaluer les options avec précision et d'éviter les décisions hâtives basées sur des informations incomplètes.

Évaluer les options : Examinez les différentes perspectives et les résultats possibles. Pesez le pour et le contre de chaque option et considérez les implications à long terme. L'évaluation de vos choix vous permet d'avoir une vue d'ensemble et d'identifier la ligne de conduite la plus bénéfique. Demander conseil à d'autres personnes peut vous apporter des perspectives nouvelles et utiles.

Faire confiance à la direction de Dieu : Si une décision est conforme aux principes bibliques, allez de l'avant avec confiance. Faire confiance à la direction de Dieu signifie avoir la foi qu'il vous guidera pour faire le bon choix. Cette étape implique de renoncer au contrôle et de croire que la sagesse de Dieu est plus importante que la vôtre. Adopter cette confiance peut apporter paix et assurance, même en période d'incertitude.

Réfléchir aux expériences passées : Tirez les leçons des défis précédents pour améliorer vos compétences en matière de prise de décision. Réfléchir aux expériences passées permet d'identifier des schémas et de comprendre ce qui a bien fonctionné et ce qui n'a pas fonctionné. Cette réflexion vous aide à renforcer votre résilience et à développer une approche plus fine des décisions futures. Elle vous rappelle également la fidélité de Dieu et les leçons qu'il vous a apprises en cours de route.

En suivant ces étapes, vous pouvez aborder les situations de pression avec un état d'esprit calme et réfléchi. La recherche de conseils divins, la collecte d'informations, l'évaluation des options, la confiance en la direction de Dieu et la réflexion sur les expériences passées vous permettront de prendre des décisions sages et sûres. Cette approche vous aidera non seulement à relever les défis immédiats, mais renforcera vos compétences générales en matière de prise de décision et approfondira votre foi.

Jacques 1:5 conseille : *"Si quelqu'un d'entre vous manque de sagesse, qu'il la demande à Dieu, qui donne à tous simplement et sans reproche, et elle lui sera donnée."* La recherche de la sagesse dans les moments difficiles garantit que les décisions sont enracinées dans la foi plutôt que dans la peur.

Exercices pour développer la capacité d'adaptation et surmonter la rigidité de la pensée

Pour cultiver la capacité d'adaptation et la souplesse d'esprit, pratiquez les exercices suivants :

- **Changement de perspective :** Chaque fois que vous rencontrez un défi, considérez-le comme une occasion de progresser.
- **Planification de scénarios :** Envisagez les défis futurs possibles et élaborez des stratégies pour y faire face efficacement.
- **Journal de réflexion :** Écrivez sur les changements récents survenus dans votre vie et sur la façon dont vous y avez réagi. Identifiez les points à améliorer.
- **Défi d'adaptation :** lancez un léger défi (par exemple, en essayant une nouvelle activité ou une nouvelle routine) pour vous entraîner à sortir de votre zone de confort.
- **Étude biblique sur le changement :** Étudiez des passages mettant en lumière des personnages bibliques ayant embrassé le changement et réfléchissez à leur capacité d'adaptation.

Conclusion

La capacité d'adaptation est essentielle au développement spirituel et personnel. Apprendre à accueillir le changement avec un état d'esprit centré sur la foi permet aux individus de naviguer dans l'incertitude avec confiance et résilience. Les croyants peuvent s'épanouir dans les transitions de la vie en cultivant leurs compétences en matière de résolution de problèmes, en prenant des décisions sages sous la pression et en recherchant la sagesse biblique.

Comme nous le rappelle Ésaïe 43:19, *"Voici, je vais faire une chose nouvelle, sur le point d'arriver : Ne la connaîtrez-vous pas? Je mettrai un chemin dans le désert, Et des fleuves dans la solitude."* Nous développons une foi et une résilience inébranlables lorsque nous faisons confiance à la capacité de Dieu de nous guider à travers le changement.

Le chapitre suivant explorera l'importance des systèmes de soutien dans le maintien de la résilience et de la croissance spirituelle.

"

C'est pourquoi exhortez-vous réciproquement, et édifiez-vous les uns les autres, comme en réalité vous le faites.

"

1 Thessaloniciens 5:11

CHAPITRE 8

CONSTRUIRE UN SYSTEME DE SOUTIEN SOLIDE

Pourquoi personne ne devrait affronter la vie seul

La vie est remplie de défis, et personne n'est censé les affronter seul. L'être humain est par nature un être social, créé pour entretenir des relations et des liens. Tenter de faire face à l'adversité sans soutien peut conduire à des sentiments d'isolement, d'anxiété et de désespoir. Ecclésiaste 4:9-10 souligne cette vérité : *"Deux valent mieux qu'un, parce qu'ils retirent un bon salaire de leur travail. Car, s'ils tombent, l'un relève son compagnon ; mais malheur à celui qui est seul et qui tombe, sans avoir un second pour le relever !"*

Un système de soutien solide fournit des encouragements, de la sagesse et un renforcement émotionnel, aidant les individus à développer leur résilience et à persévérer dans les moments difficiles. Qu'il s'agisse d'amitiés, de familles, de communautés religieuses ou de mentors, le fait de s'entourer de relations encourageantes favorise la force et la persévérance.

Communauté

L'appartenance à un réseau de soutien confessionnel ou personnel offre un sentiment d'appartenance et un objectif commun. Une communauté forte apporte :

- Encouragement émotionnel et spirituel
- Sentiment d'appartenance et de compréhension
- Soutien en période de crise
- Sagesse collective et partage d'expériences

Une communauté résiliente favorise un environnement dans lequel les individus s'encouragent mutuellement, en offrant des conseils et de l'inspiration dans les moments difficiles. La participation à des activités communautaires telles que le culte, les discussions de groupe et les projets de service renforce la foi et construit une résilience collective.

Mentorat

Un mentor offre des conseils, de la sagesse et de la perspicacité, aidant les individus à relever les défis avec clarté et en s'appuyant sur des bases spirituelles. Un mentor peut :

- Fournir des conseils bibliques et pratiques
- Offrir de l'encouragement et un cadre de responsabilité
- Aide au développement spirituel et personnel

Le rôle d'un mentor n'est pas seulement de guider, mais aussi d'inspirer la croissance en partageant les expériences et les leçons tirées de son parcours. En recherchant le mentorat d'une personne ayant une foi et une expérience de vie solides, on garantit de recevoir des conseils enracinés dans la sagesse et la vérité.

Responsabilité

Un partenaire de responsabilisation aide à rester fidèle à ses objectifs spirituels et personnels. La Bible souligne l'importance de la correction et de l'encouragement dans Proverbes 27:17 : *"Comme le fer aiguise le fer, ainsi un homme excite la colère d'un homme"*. Les relations de responsabilisation fournissent :

- Un soutien pour rester engagé dans la foi et le développement personnel
- Un retour d'information constructif et un dialogue honnête
- Une motivation à persévérer malgré l'adversité

La responsabilisation crée un environnement d'honnêteté et de discipline, aidant les individus à aligner leurs actions sur leurs valeurs et leurs objectifs. Le fait de pouvoir compter sur le soutien et l'encouragement de quelqu'un garantit la cohérence de la foi et de la croissance personnelle.

En s'appuyant sur le pouvoir de la communauté, du mentorat et de la responsabilité, les individus peuvent renforcer leur résilience et relever les défis avec plus de foi, de sagesse et de persévérance. Ces éléments servent de piliers à la résilience spirituelle et personnelle et favorisent un sentiment durable d'utilité et de force dans le voyage de la vie.

Exemples bibliques de systèmes de soutien solides

La Bible fournit de nombreux exemples d'individus qui ont prospéré grâce à leurs systèmes de soutien

Moïse et Aaron
D'abord réticent à accepter la tâche monumentale de conduire les Israélites hors d'Égypte, Moïse avait exprimé son insécurité quant à ses capacités d'orateur. En réponse, Dieu a nommé Aaron, le frère de Moïse, pour le soutenir (Exode 4:14-16). Aaron est devenu le porte-

parole et le bras droit de Moïse, lui apportant le soutien nécessaire à l'accomplissement de la mission divine.

Leur partenariat a démontré la puissance d'un leadership partagé et d'un soutien mutuel. Les forces d'Aaron complétaient les faiblesses de Moïse, créant ainsi une équipe équilibrée et efficace. Ce partenariat a permis à Moïse de se concentrer sur ses responsabilités de dirigeant tandis qu'Aaron transmettait les messages de Dieu au peuple. La synergie entre Moïse et Aaron illustre la manière dont les systèmes de soutien peuvent renforcer les forces individuelles et compenser les faiblesses.

Jésus et les disciples
Jésus a choisi douze disciples pour être ses plus proches compagnons et poursuivre sa mission après sa crucifixion et sa résurrection. Ce groupe soudé a formé un système de soutien solide, offrant une camaraderie, un but commun et un encouragement mutuel. Tout au long de leur voyage, les disciples ont été confrontés à de nombreux défis et épreuves, mais leur unité et leur soutien mutuel les ont aidés à persévérer.

Un exemple notable se trouve dans le jardin de Gethsémané, où Jésus a emmené Pierre, Jacques et Jean pour prier avec lui (Matthieu 26:36-46). Au moment où il était le plus angoissé, Jésus a cherché le soutien de ses amis les plus proches. Bien que les disciples aient eu du mal à rester éveillés, leur présence et leur compagnie ont réconforté Jésus. Cela illustre l'importance d'avoir un système de soutien dans les moments de détresse.

Après la résurrection de Jésus, les disciples ont continué à se soutenir et à s'encourager mutuellement dans la diffusion de l'Évangile. La communauté chrétienne primitive, décrite dans le livre des Actes, illustre la puissance d'un groupe uni et solidaire. Ils partageaient leurs biens, priaient ensemble et subvenaient aux besoins les uns des autres (Actes 2:42-47). Ce sens de la communauté et du soutien a été crucial pour la croissance et la résilience de l'Église primitive.

Paul et Timothée

La relation entre Paul et Timothée est un excellent exemple de mentorat dans la Bible. Paul, apôtre expérimenté, a pris Timothée sous son aile, lui offrant des conseils spirituels, des encouragements et une formation au leadership. Paul a qualifié Timothée de "véritable enfant dans la foi" (1 Timothée 1:2), soulignant ainsi le lien profond qui les unissait.

Le mentorat de Paul a joué un rôle déterminant dans la croissance de Timothée en tant que leader et croyant. Dans ses lettres, Paul encourageait Timothée à être audacieux et courageux, lui rappelant les dons spirituels qu'il possédait (2 Timothée 1:6-7). Paul lui a également donné des conseils pratiques sur la manière de relever les différents défis et d'assumer ses responsabilités au sein de l'Église.

Le mentorat entre Paul et Timothée montre l'importance d'avoir un guide sage et expérimenté pour relever les défis de la vie. Un mentor peut offrir des perspectives précieuses, partager des expériences et fournir des encouragements, ce qui favorise la résilience et la croissance.

Autres exemples de systèmes de soutien dans la Bible

Au-delà des exemples de Moïse et Aaron, Jésus et les disciples, de Paul et Timothée, la Bible regorge d'autres exemples où les systèmes de soutien ont joué un rôle crucial dans la vie des individus.

Ruth et Naomi

L'histoire de Ruth et Naomi est un bel exemple de loyauté, d'engagement et de soutien. Après la mort de son mari et de ses fils, Noami a décidé de retourner à Bethléem, exhortant ses belles-filles à rester à Moab. Toutefois, Ruth refusa de quitter Naomi en disant : *"Où tu iras j'irai, où tu demeureras je demeurerai ; ton peuple sera mon peuple, et ton Dieu sera mon Dieu"* (Ruth 1:16).

Le soutien et la loyauté inébranlables de Ruth ont donné à Naomi la force et l'encouragement dont elle avait besoin pour reconstruire sa vie. Ensemble, elles ont affronté les défis du veuvage et de la pauvreté, et ont finalement trouvé l'espoir et la rédemption grâce à leur lien solide.

David et Jonathan

L'amitié entre David et Jonathan est un autre exemple puissant de système de soutien dans la Bible. Jonathan, le fils du roi Saül, a noué un lien profond avec David, même s'il savait que ce dernier était destiné à prendre le trône de son père. Leur amitié était fondée sur le respect mutuel, l'amour fraternel et la loyauté sans faille.

Le soutien de Jonathan a été crucial pour protéger David les tentatives de Saül d'attenter à sa vie. Jonathan a averti David des intentions de son père et l'a aidé à échapper au danger (1 Samuel 20:1-42). Leur relation illustre l'importance d'avoir des amis dignes de confiance et d'un grand soutien dans les moments d'adversité.

Le pouvoir de la communauté, du mentorat et de la responsabilité

Les exemples fournis soulignent l'importance de la communauté, du mentorat et de la responsabilité pour favoriser la résilience et la croissance spirituelle. En intégrant ces éléments, les individus peuvent relever les défis avec plus de foi, de sagesse et de persévérance.

La communauté : L'appartenance à une communauté de soutien procure un sentiment d'appartenance et un objectif commun. La communauté chrétienne primitive dans le livre Actes des Apôtres est un excellent exemple de la manière dont l'unité et le soutien mutuel peuvent renforcer les individus et favoriser la croissance.

Le mentorat : Un mentor, comme Paul l'a été pour Timothée, offre des conseils, des encouragements et de la sagesse. Les mentors peuvent aider les individus à développer leurs forces, à surmonter les défis et à atteindre leurs objectifs.

Responsabilité : Les systèmes de soutien offrent un cadre de responsabilité, aidant les individus à rester sur la bonne voie et à se concentrer sur leur développement spirituel et personnel. Le soutien d'Aaron à Moïse ainsi que celui des disciples entre eux, sont des exemples de la manière dont la responsabilité peut renforcer la résilience.

Conclusion

La Bible regorge d'exemples de personnes qui ont prospéré grâce à des systèmes de soutien solides. Qu'il s'agisse de partenariats, d'amitiés ou de mentorats, ces relations ont fourni les encouragements, les conseils et la responsabilité nécessaires pour relever les défis de la vie.

En s'appuyant sur le pouvoir de la communauté, du mentorat et de la responsabilité, les individus peuvent renforcer leur résilience et développer un sentiment durable d'objectif et de force dans le voyage de la vie. Tout comme les personnages de la Bible s'appuyaient sur leurs systèmes de soutien, nous pouvons nous aussi trouver la force et la résilience grâce aux relations que nous construisons et entretenons. Ces éléments servent de piliers à la résilience spirituelle et personnelle et favorisent un sentiment durable d'utilité et de force dans le voyage de la vie.

Cultiver des relations significatives qui favorisent la croissance exige de l'intentionnalité et des efforts constants. Voici quelques moyens clés pour bâtir et maintenir des systèmes de soutien efficaces, accompagnés d'éléments supplémentaires pour approfondir chaque point :

1. Être ouvert et vulnérable

Les vraies relations se développent lorsque les gens partagent ouvertement et authentiquement. La transparence favorise la confiance et l'approfondissement des relations. Lorsque vous vous montrez vulnérable, vous invitez les autres à partager vos expériences, créant ainsi un lien fondé sur la compréhension mutuelle et l'empathie.

Accueillir la vulnérabilité

Être ouvert et vulnérable demande du courage. Cela signifie montrer son vrai visage, y compris ses peurs, ses insécurités et ses imperfections. Lorsque vous baissez votre garde et partagez votre authenticité, vous créez un espace sûr pour que les autres fassent de même. Cette vulnérabilité mutuelle instaure la confiance et renforce les relations.

Étapes pratiques

- Partagez des histoires et des expériences personnelles.
- Exprimez vos sentiments honnêtement et ouvertement.
- Demandez de l'aide et du soutien quand c'est nécessaire.
- Soyez à l'écoute, et créez un environnement bienveillant et sans jugement pour que les autres puissent partager.

2. Servir les autres

Les actes de gentillesse et de service renforcent les relations et créent des réseaux de soutien mutuel. S'engager dans le service, que ce soit en faisant du bénévolat lors d'événements communautaires ou en offrant son aide à une personne dans le besoin, favorise le sentiment d'un objectif commun et approfondit les liens.

Le pouvoir du service

En servant les autres, nous nous détournons de nous-mêmes pour nous concentrer sur les besoins d'autrui. Cet altruisme profite non seulement à ceux que nous servons, mais enrichit également notre propre vie. Les actes de gentillesse créent des interactions positives et jettent les bases de la confiance et de l'appréciation.

Étapes pratiques

- Faites du bénévolat dans des associations caritatives locales ou lors d'événements communautaires.
- Offrez votre temps et vos compétences pour aider vos amis et vos voisins.
- Participer à des programmes de sensibilisation ou à des projets de service de l'église.
- Faites des actes de gentillesse au hasard, par exemple en aidant quelqu'un à faire ses courses ou en lui envoyant un mot d'encouragement.

3. Participer à des activités partagées

Participez à des groupes religieux, à des travaux d'intérêt général et à des études bibliques en petits groupes pour tisser des liens plus profonds. Les expériences partagées créent des souvenirs durables et établissent une base de confiance et de camaraderie.

Construire des liens à travers des activités partagées

La participation à des activités communes permet de nouer des liens avec d'autres personnes partageant des intérêts et des objectifs communs. Qu'il s'agisse de participer à un groupe de loisirs, de rejoindre une équipe sportive ou d'assister à une étude biblique, ces activités créent un sentiment d'appartenance et de communauté.

Étapes pratiques

- Rejoignez un groupe religieux ou un petit groupe d'étude biblique.
- Participez à des projets ou à des événements de service communautaire.

- Participez à des réunions sociales, telles que des repas partagés, des soirées de jeux ou des clubs de lecture.
- Trouvez des passe-temps ou des intérêts communs à partager avec d'autres, comme la randonnée, l'artisanat ou la cuisine.

4. Rechercher des mentors et des pairs

Recherchez activement le mentorat et les amitiés qui sont alignés avec votre croissance personnelle et spirituelle. S'entourer de personnes qui vous inspirent et vous mettent au défi conduira à un meilleur développement personnel et à une plus grande maturité spirituelle.

L'importance du mentorat et des relations avec les pairs

Les mentors fournissent des conseils, de la sagesse et du soutien, vous aidant à relever les défis et à atteindre vos objectifs. Les pairs, quant à eux, offrent une camaraderie et des expériences partagées, ce qui rend le voyage plus agréable et plus satisfaisant.

Étapes pratiques

- Identifiez des personnes qui incarnent les qualités et les valeurs que vous admirez.
- Tendez la main à des mentors potentiels et exprimez votre désir d'apprendre d'eux.
- Cultivez des amitiés avec des pairs qui partagent vos intérêts et vos objectifs.
- Participez à des ateliers, des conférences et des événements de mise en réseau pour rencontrer de nouvelles personnes.

5. S'engager à la constance

Construire des relations prend du temps. Les réunions régulières, les contrôles et la communion renforcent les liens au fil du temps. La constance dans la communication et la présence montre aux autres que vous accordez de l'importance à la relation et que vous lui donnez la priorité.

Le pouvoir de la constance

La constance est une preuve d'engagement et de fiabilité. Lorsque vous investissez régulièrement du temps et des efforts dans une relation, vous montrez que vous valorisez et priorisez cette connexion. Cette fiabilité permet d'instaurer la confiance et de renforcer les liens.

Étapes pratiques

- Planifiez des rencontres régulières avec vos amis et vos mentors.
- Soyez présent et engagé lors des interactions, que ce soit en personne ou virtuellement.
- Respectez vos engagements et promesses.
- Accordez la priorité aux moments de qualité passés ensemble, même si votre emploi du temps est chargé.

Autres moyens de cultiver des relations significatives

Pratiquer l'empathie et la compréhension

L'empathie est la capacité de comprendre et de partager les sentiments des autres. Pratiquer l'empathie implique d'écouter activement, de valider les émotions et d'offrir un soutien sans jugement. Comprendre les perspectives et les expériences des autres favorise l'établissement de liens plus profonds et renforce les relations.

Étapes pratiques

- Écoutez activement et attentivement les autres.
- Validez et reconnaissez les sentiments et expériences des autres.
- Offrez votre soutien et vos encouragements sans essayer de "régler" la situation.
- Soyez patient et compréhensif, même si vous ne saisissez pas entièrement leur point de vue.

Communiquer efficacement

Une communication efficace est essentielle pour construire et maintenir des relations saines. Cela implique de s'exprimer clairement, d'écouter activement et d'aborder les conflits de manière constructive. Une communication ouverte et honnête favorise la confiance et le respect mutuel.

Étapes pratiques

- Pratiquez l'écoute active et évitez les interruptions.
- Utilisez des déclarations "je" pour exprimer vos sentiments et besoins.
- Abordez les conflits de manière calme et constructive, en cherchant une solution plutôt qu'en attribuant des reproches.

Soyez ouvert aux retours et prêt à faire des ajustements.

Cultiver la gratitude et l'appréciation

Exprimer sa gratitude et son appréciation renforce les relations en reconnaissant les contributions positives des autres. Exprimer régulièrement ses remerciements et reconnaître les efforts et les qualités des autres favorise un environnement positif et solidaire.

Étapes pratiques

- Exprimez régulièrement votre gratitude, à l'oral comme à l'écrit.
- Reconnaissez et célébrez les réalisations et les étapes importantes des autres.
- Montrez votre reconnaissance par de petits gestes, tels que des notes manuscrites ou des cadeaux attentionnés.
- Réfléchissez aux aspects positifs de vos relations et partagez votre appréciation.

Conclusion

Cultiver des relations significatives qui favorisent la croissance exige de l'intention, des efforts et de la constance. Vous pouvez construire des systèmes de soutien solides qui favorisent le développement personnel et spirituel en étant ouvert et vulnérable, en servant les autres, en vous engageant dans des activités communes, en recherchant des mentors et des pairs, et en vous engageant à être cohérent. La pratique de l'empathie, d'une communication efficace et de la gratitude renforce encore ces liens. L'investissement dans ces relations crée une base de confiance, de soutien mutuel et d'objectifs partagés, ce qui vous permet de relever les défis de la vie avec plus de résilience et d'épanouissement.

Stratégies pour maintenir et renforcer les relations

Une fois les relations nouées, les entretenir et les renforcer demande des efforts. Envisagez les stratégies suivantes :

- **Communication régulière** : Prenez régulièrement des nouvelles de vos proches, de vos mentors et de vos partenaires de responsabilité. La communication régulière permet de maintenir des relations solides et de s'assurer que le soutien est toujours disponible en cas de besoin.
- **Pratiquer l'écoute active** : Faire preuve d'empathie et de compréhension en s'engageant pleinement dans les conversations. L'écoute active implique d'être présent dans l'instant, d'éviter les distractions, de répondre de manière réfléchie, de renforcer les liens et de favoriser le respect mutuel.
- **Résoudre les conflits avec grâce** : Abordez les désaccords avec humilité et avec la volonté de vous réconcilier. Les conflits font naturellement partie des relations, mais la façon dont ils sont gérés peut renforcer ou affaiblir les liens. Aborder les conflits dans un esprit de compréhension et de résolution favorise la croissance et la confiance.
- **Encourager et élever** : Parlez de la vie aux autres, en offrant du soutien et de l'encouragement. Le renforcement positif et les mots bienveillants peuvent avoir un impact profond sur la

confiance et les perspectives d'une personne, renforçant ainsi la solidité de la relation.

- **Prier ensemble** : Renforcez les liens en partageant des moments de prière et en intercédant les uns pour les autres. Prier ensemble permet non seulement d'approfondir le lien spirituel, mais aussi de donner un sentiment d'unité et de foi partagée.

Exercices pour développer un réseau et créer une communauté de foi bienveillante

- **Inventaire des relations personnelles** : Réfléchissez à vos relations existantes et identifiez les domaines où elles peuvent évoluer ou s'approfondir. Cet exercice permet d'évaluer la qualité des relations existantes et de repérer les opportunités de renforcer les liens.
- **Initiative de cercle de prière** : Créez un petit groupe de prière collective et d'encouragement. Un cercle de prière crée un espace sûr où les individus peuvent partager leurs préoccupations, leurs joies et leurs prières, favorisant un esprit de communauté et de soutien spirituel.
- **Action communautaire** : Faites du bénévolat auprès d'associations caritatives locales, de ministères ou d'événements religieux afin de nouer des liens. Participer à des actions communautaires permet de rencontrer des personnes partageant les mêmes valeurs et de bâtir des relations autour d'objectifs communs.
- **Engagement de mentorat** : Cherchez un mentor ou offrez un mentorat à quelqu'un en quête de conseils. Le mentorat est un outil puissant de croissance personnelle et spirituelle, qui apporte soutien, sagesse et responsabilité.
- **Engagement de partenariat de responsabilisation** : Établir une relation de responsabilité avec quelqu'un qui a la même foi et les mêmes objectifs de croissance. Les partenaires de responsabilisation s'aident mutuellement à rester concentrés et engagés dans leurs objectifs, en se prodiguant des encouragements et des commentaires constructifs.

Conclusion

Un système de soutien solide est vital pour la résilience et la croissance spirituelle. Les individus peuvent relever les défis de la vie avec plus de force et d'encouragement, en recherchant le mentorat et en s'engageant dans une communauté de croyants partageant les mêmes valeurs. Hébreux 10:24-25 nous rappelle : *"Veillons les uns sur les autres, pour nous exciter à la charité et aux bonnes œuvres. N'abandonnons pas notre assemblée, comme c'est la coutume de quelques-uns ; mais exhortons-nous réciproquement, et cela d'autant plus que vous voyez s'approcher le jour."*

La vie est un voyage parsemé de hauts et de bas, mais avec un système de soutien solide, nous pouvons relever les défis avec confiance et espoir. Que ce soit par les paroles réconfortantes d'un ami, les conseils d'un mentor ou la force collective d'une communauté, nous nous rappelons que nous ne sommes jamais vraiment seuls. Les relations que nous bâtissons et entretenons nous apportent non seulement le soutien dont nous avons besoin, mais enrichissent aussi notre vie d'amour, de compréhension et d'expériences partagées.

Alors que nous continuons à grandir et à nous développer, n'oublions pas qu'il est important de se soutenir les uns les autres et de favoriser un sentiment d'appartenance à la communauté. En étant intentionnels dans nos relations, en servant les autres et en recherchant le mentorat et la responsabilité, nous pouvons construire un réseau de soutien qui nous permet de nous épanouir. Ensemble, nous pouvons naviguer dans les complexités de la vie, nous encourager mutuellement et créer un monde où personne n'a à faire face à l'adversité seul.

Le prochain chapitre explorera l'importance d'appliquer ces principes de résilience de manière cohérente et de les intégrer dans la vie quotidienne pour une transformation durable.

CHAPITRE 9

LA RESILIENCE EN ACTION : APPLIQUER LES SEPT ETAPES

Intégrer les sept clés dans la vie quotidienne

La résilience n'est pas un simple concept théorique : elle doit être vécue au quotidien. L'intégration des sept clés de la résilience demande de la constance, de la foi et un engagement en faveur de la croissance. Chaque étape s'appuie sur les autres pour créer une approche holistique, visant à développer un état d'esprit fort et durable. Voici comment intégrer chaque principe dans les habitudes quotidiennes :

Conscience de soi : Commencez chaque journée par un moment de réflexion. Tenez un journal pour noter vos émotions, vos pensées et vos réflexions spirituelles. Soyez attentif à reconnaître vos forces et vos faiblesses personnelles. La connaissance de soi implique de comprendre les déclencheurs émotionnels, d'identifier les schémas de comportement et de reconnaître les points à améliorer. En commençant la journée par une réflexion personnelle, vous pouvez donner un ton positif et aborder les défis avec plus de clarté et de détermination.

Intelligence émotionnelle : Pratiquez la pleine conscience dans vos conversations. En cas de conflit ou de stress, faites une pause, priez et répondez avec calme plutôt que de réagir impulsivement. Cultivez l'autorégulation et l'empathie dans toutes vos interactions. L'intelligence émotionnelle consiste à être conscient de ses émotions et de celles des autres, à gérer ses réactions émotionnelles et à établir des relations interpersonnelles solides. En pratiquant la pleine conscience et l'empathie, vous pouvez gérer les situations stressantes avec grâce et maintenir des relations saines et positives avec les autres.

Objectif et sens : Alignez vos actions quotidiennes sur votre objectif à long terme. Réfléchissez à vos objectifs et à la manière dont vos efforts actuels soutiennent l'appel de Dieu. Servez les autres pour renforcer votre sens de la mission. Une bonne compréhension du but à atteindre est source de motivation et d'orientation, et vous aide à rester concentré sur ce qui compte vraiment. En évaluant régulièrement vos objectifs et en alignant vos actions sur vos valeurs et vos convictions, vous pouvez mener une vie plus intentionnelle et plus épanouissante.

Pensée positive : Faites des affirmations et lisez les Écritures dans votre vie. Remplacez le doute par des vérités bibliques et concentrez-vous sur la gratitude au quotidien. La pensée positive consiste à cultiver un état d'esprit qui met l'accent sur ce qu'il y a de bon dans chaque situation. Vous pouvez contrer les pensées négatives et renforcer votre foi en prononçant des affirmations et en lisant les Écritures. La pratique de la gratitude vous aide à apprécier les bénédictions de votre vie et favorise un sentiment de satisfaction et de joie.

Pleine conscience et méditation : Prenez chaque jour un temps de silence pour la prière et la méditation. Utilisez les Écritures pour vous ancrer dans le moment présent et maintenir un sentiment de paix. La pleine conscience et la méditation impliquent d'être pleinement présent et conscient de ses pensées et de son environnement. Consacrer du temps chaque jour à la prière et à la méditation peut approfondir votre lien spirituel, réduire le stress et cultiver la paix intérieure. Les Écritures offrent réconfort et direction, vous aidant à rester centré et serein.

Capacité d'adaptation : Considérez les défis comme des opportunités de croissance. Restez ouvert au changement, développez des stratégies de résolution des problèmes et faites confiance au plan de Dieu lorsque la vie prend des tournants inattendus. Les compétences d'adaptation impliquent d'être flexible et plein de ressources face à l'adversité. En considérant les défis comme des opportunités de croissance, vous pouvez développer votre résilience et apprendre à naviguer avec confiance dans l'incertitude. La confiance dans le plan de Dieu procure un sentiment de stabilité et paix, même dans les moments difficiles.

Systèmes de soutien : Entretenez et développez des relations solides. Appuyez-vous sur des mentors, des partenaires responsables et des communautés religieuses pour obtenir encouragement et force. Les systèmes de soutien impliquent la mise en place d'un réseau de personnes qui apportent un soutien émotionnel, spirituel et pratique. Vous pouvez vous appuyer sur leur sagesse et leur force dans les moments difficiles. Les mentors et les partenaires de responsabilisation peuvent vous donner des conseils et vous obliger à respecter vos objectifs. Quant aux communautés religieuses, elles offrent un sentiment d'appartenance et un objectif commun.

En intégrant ces principes dans vos habitudes quotidiennes, vous pouvez développer un état d'esprit résilient qui vous permettra de relever les défis de la vie avec foi, courage et détermination. Cette approche holistique favorise l'épanouissement personnel et contribue à une vie plus significative et plus satisfaisante.

Exemples réels de personnes ayant surmonté l'adversité grâce à la résilience

L'expérience de résilience de ma fille Hannah : L'impact de l'haltérophilie sur ma vie et ma résilience

L'haltérophilie a été un élément déterminant de mon parcours - un fil conducteur qui a fait de moi une personne plus forte, plus disciplinée et plus résistante. Depuis mes premières années au lycée jusqu'à mes compétitions à LSUS, ce sport m'a mis au défi physiquement, mentalement et émotionnellement. Chaque levée, chaque séance d'entraînement, chaque compétition a été une occasion d'apprentissage, m'apprenant la signification de la persévérance et l'importance de la résilience. Grâce à l'haltérophilie, j'ai compris que la résilience ne consiste pas seulement à triompher les bons jours, mais aussi à se montrer et à aller de l'avant, surtout lorsqu'on est confronté à des revers et à l'adversité. Les leçons que j'ai apprises en cours de route continuent d'influencer mon point de vue sur la vie, me guidant dans mes efforts pour surmonter les obstacles et atteindre de nouveaux sommets, à la fois dans la salle de sport et au-delà.

Mon aventure avec l'haltérophilie a commencé au lycée, à une époque où je cherchais quelque chose qui me permettrait de dépasser mes limites. Au départ, ce sport m'a attirée parce qu'il permettait de mesurer les progrès de façon concrète. Les résultats étaient visibles immédiatement : des charges plus lourdes, des chiffres en hausse, des levées plus puissantes. Mais au fur et à mesure que j'avançais dans l'haltérophilie, je me suis rendu compte que ce n'était pas seulement les chiffres sur la barre qui comptaient, mais aussi la façon dont ce sport me forçait à affronter mes propres limites et à les dépasser. Au début, les progrès ont été lents. J'ai eu du mal avec la technique, la force et l'endurance, et il y a eu des moments où je me suis demandé si j'étais fait pour ce sport. Mais en continuant à soulever des poids, j'ai appris que la véritable valeur de l'haltérophilie ne résidait pas dans la facilité des progrès, mais dans le processus lui-même. Les moments de lutte, les revers et les échecs ont été les véritables éléments constitutifs de ma croissance.

En haltérophilie, l'échec est inévitable. Que ce soit une levée ratée, un objectif non atteint ou un plateau difficile à franchir, l'échec fait partie du quotidien. C'est dans ces moments difficiles que j'ai commencé à comprendre le sens de la résilience. J'ai dû apprendre à accepter l'échec, non pas comme le reflet de mes limites, mais comme une étape vers la croissance. J'ai compris que la résilience ne consiste pas à éviter l'échec, mais à en tirer des leçons et à aller de l'avant. Lorsque j'échouais, je devais trouver la force de me relever, d'ajuster ma technique et de réessayer. Cet état d'esprit s'est ancré en moi et s'étend bien au-delà de la salle de sport. Dans ma vie, j'ai été confrontée à de nombreux défis, petits et grands, mais les leçons que j'ai apprises en haltérophilie m'ont appris à considérer l'adversité comme une opportunité de croissance, et non comme un obstacle à craindre.

L'une des leçons les plus importantes que l'haltérophilie m'a enseignée est la valeur de la discipline. Pour s'améliorer, il faut s'engager à fournir des efforts constants, même les jours où l'on n'en a pas envie. L'haltérophilie exige du dévouement, tant dans la salle de sport qu'en dehors. Il faut manger sainement, se reposer suffisamment et faire de la récupération une priorité. Ces habitudes ont non seulement amélioré mes performances en salle de sport, mais elles se sont également répercutées dans d'autres domaines de ma vie. La discipline que j'ai développée grâce à l'haltérophilie a influencé la façon dont j'aborde mon travail, mes relations et mes objectifs personnels. J'ai appris que le succès n'est pas simplement le résultat du talent ou de la chance ; c'est le produit d'un effort constant et délibéré au fil du temps. L'haltérophilie m'a appris que si l'on veut réussir, il faut se présenter tous les jours et donner le meilleur de soi-même, même si les résultats ne sont pas immédiatement visibles.

Cependant, la résilience ne consiste pas seulement à être présente quand tout va bien. C'est aussi persévérer quand les choses deviennent difficiles. Les blessures ont joué un rôle important dans mon parcours. Qu'il s'agisse d'une entorse à l'épaule ou d'un problème de genou, les blessures ont été frustrantes, me faisant souvent reculer alors que je progressais. J'ai parfois eu l'impression de faire deux pas en avant et un pas en arrière. Mais à chaque recul, j'ai appris à m'adapter. J'ai dû ajuster mon programme d'entraînement, écouter mon corps et être patient pendant le processus de récupération. Ces expériences m'ont appris l'importance de la résilience face à l'adversité. La capacité de continuer, même lorsque votre corps ou votre esprit vous dit d'arrêter, est ce qui, en fin de compte, mène à la croissance. J'ai appris à accepter le processus, y compris les revers, car ils font autant partie de mon voyage que les victoires.

Un autre élément crucial de mon parcours en haltérophilie a été le système de soutien que j'ai dans ma famille. En tant qu'aînée de sept frères et sœurs, j'ai toujours eu des gens qui m'admiraient, ce qui a été une source de motivation tout au long de ma vie. Ma famille a été une source de soutien inébranlable, m'encourageant dans les moments de découragement et me rappelant ma force lorsque je doutais de moi-même. Ils ont été là pour moi dans tous les hauts et les bas, des moments où je me sentais au sommet du monde après avoir battu un nouveau record personnel, aux moments où je luttais contre une blessure ou je doutais de moi-même. Leur confiance en moi a été une force motrice, me motivant à pousser plus loin et à faire mieux, non seulement en tant qu'athlète, mais aussi en tant que personne. Ma famille m'a demandé des comptes, a célébré mes succès et m'a rappelé que j'étais capable de réaliser tout ce que je voulais. Les encouragements et l'amour qu'ils m'ont donnés ont joué un rôle déterminant dans ma croissance, tant à l'intérieur qu'à l'extérieur de la salle de sport.

En plus du soutien de ma famille, mon séjour à LSUS a encore renforcé ma compréhension de la résilience et de la persévérance. La compétition au niveau universitaire a introduit un nouvel ensemble de défis et d'exigences. Cela m'a poussé à dépasser ce que je pensais être mes limites, tant en termes de force physique que de force mentale. La compétition est féroce et les exigences de l'entraînement sont intenses. Il m'est arrivé de me demander si j'étais prêt à relever le défi, mais à chaque fois que je doutais de moi, je me rappelais les leçons que j'avais tirées de mes expériences passées. Je me suis rendu compte que chaque compétiteur, quel que soit son niveau, est confronté à des obstacles et à des revers. La différence entre ceux qui réussissent et ceux qui échouent est la capacité à aller de l'avant, à continuer à pousser quand les choses deviennent difficiles. La résilience que j'ai développée grâce à l'haltérophilie est devenue mon meilleur atout pour faire face à ces défis.

L'haltérophilie m'a également appris que la véritable force n'est pas seulement une question de puissance physique, mais aussi de force mentale. Il s'agit d'être capable de se fixer des objectifs, d'affronter l'échec et de s'adapter pour revenir plus fort. Cet état d'esprit a façonné la façon dont j'aborde tous les aspects de ma vie. Que ce soit dans mes études, mes relations ou mon développement personnel, j'aborde désormais les défis avec la même mentalité que celle que j'applique à l'haltérophilie. Je sais que les revers font partie du processus et que c'est la résilience qui me permettra de m'en sortir.

En conclusion, l'haltérophilie a été plus qu'un simple sport pour moi. C'est une expérience profondément transformatrice, qui a fait de moi une personne plus forte, plus disciplinée et plus résiliente. À travers les hauts et les bas, les victoires et les échecs, j'ai appris des leçons précieuses qui vont bien au-delà du gymnase. La résilience, la persévérance et la capacité à surmonter l'adversité sont des qualités qui m'accompagnent tous les jours. Les leçons que j'ai tirées de l'haltérophilie continueront à me guider, à façonner mon avenir à mesure que je relèverai de nouveaux défis et poursuivrai de nouveaux objectifs. Quelle que soit la suite des événements, je sais que la force que j'ai acquise grâce à l'haltérophilie fera toujours partie de moi, me poussant à aller de l'avant et à ne jamais abandonner.

La résilience est une force puissante qui permet aux individus de surmonter une énorme adversité et d'en ressortir plus forts. Les vies de ma fille, Hannah St. Gerard, de Corrie ten Boom, de Nick Vujicic, de Joseph et de Nelson Mandela offrent de profondes leçons de résilience, chacune démontrant comment la foi, la persévérance et l'engagement à grandir peuvent transformer les épreuves en triomphes. Explorons leurs histoires plus en profondeur :

Corrie ten Boom (Foi et pardon) : Emprisonnée dans un camp de concentration nazi pour avoir caché des Juifs pendant la Seconde Guerre mondiale, Corrie ten Boom a enduré d'immenses souffrances et a été le témoin direct des horreurs de l'Holocauste. Malgré la brutalité et les pertes, elle a choisi la voie du pardon plutôt que celle de l'amertume. Après la guerre, Corrie a consacré sa vie à plaider en faveur de la réconciliation et de la guérison. Elle a voyagé dans le monde entier, partageant son message de pardon et le pouvoir de la foi. Sa capacité à pardonner, même à ceux qui l'ont profondément blessée, témoigne d'une profonde résilience et du pouvoir de transformation de la foi. L'histoire de Corrie nous rappelle que même dans les moments les plus sombres, nous pouvons trouver l'espoir et la force grâce au pardon et à la confiance en un dessein supérieur.

Nick Vujicic (Surmonter les limites physiques) : Né sans membres, Nick Vujicic a été confronté toute sa vie à des difficultés qui auraient pu facilement le conduire au désespoir. Cependant, il a développé un état d'esprit de croissance et a refusé de se laisser définir par ses limites physiques. Grâce à sa foi et à sa détermination, Nick a appris à accomplir les tâches quotidiennes et à embrasser la vie avec une attitude positive. Il a fondé l'organisation *Life Without Limbs* (Une vie sans membres) et est devenu un conférencier motivateur de renom, inspirant des millions de personnes dans le monde entier avec son histoire de dépassement de l'adversité. Le parcours de Nick souligne l'importance de la résilience face à des obstacles apparemment insurmontables. Son message souligne que nos limites ne nous définissent pas ; c'est plutôt notre réponse aux défis qui façonne notre destin.

Joseph (Figure biblique de la résilience) : Personnage biblique clé, Joseph a connu de profondes trahisons et épreuves. Vendu comme esclave par ses propres frères, puis emprisonné injustement, Joseph n'a jamais perdu la foi dans le plan de Dieu pour sa vie. Sa persévérance et sa foi inébranlable l'ont finalement conduit à un poste de dirigeant en Égypte, où il a joué un rôle crucial en sauvant de nombreuses vies lors d'une famine sévère. L'histoire de Joseph illustre comment les épreuves peuvent nous affiner et nous élever, pour finalement nous conduire à un but plus grand. Sa résilience, enracinée dans sa profonde confiance en Dieu, nous enseigne la valeur du maintien de la foi et de l'intégrité, même dans les circonstances les plus difficiles.

Nelson Mandela (La résilience à travers l'emprisonnement) : La résilience de Nelson Mandela a été mise à l'épreuve pendant ses 27 années d'emprisonnement pour sa lutte contre l'apartheid en Afrique du Sud. Malgré les conditions difficiles et la détention prolongée, Mandela est sorti de prison avec une vision de réconciliation et de paix. Il a joué un rôle essentiel dans le démantèlement de l'apartheid et la promotion d'une nouvelle ère d'unité et de démocratie en Afrique du Sud. La capacité de Mandela à transformer sa souffrance personnelle en une force de changement positif démontre l'impact profond de la résilience. Son histoire souligne l'importance de maintenir l'espoir, la vision et l'engagement en faveur de la justice, même dans une adversité prolongée. L'héritage de Mandela continue d'inspirer les peuples du monde entier à lutter pour l'égalité, le pardon et la réconciliation.

La résilience de Viktor Frankl : Viktor Frankl, survivant de l'Holocauste et psychiatre de renom, a illustré le pouvoir de la résilience face à la souffrance extrême. C'est grâce à son expérience dans les camps de concentration nazis qu'il a développé sa philosophie révolutionnaire, exposée dans *Découvrir un sens à sa vie*. La résilience de Frankl était profondément ancrée dans sa conviction que les individus peuvent trouver un sens à leur vie même dans les circonstances les plus brutales.

1. **Trouver un sens dans la souffrance** : Frankl a observé que les prisonniers qui trouvaient un but, que ce soit par la foi, l'amour ou un objectif futur, avaient plus de chances de survivre. Il affirmait que ce n'est pas la souffrance qui détruit une personne, mais l'absence de sens.
2. **La force mentale** : Malgré l'horreur inimaginable, Frankl a conservé la maîtrise de ses pensées. Il croyait que, même lorsque toutes les libertés sont retirées, il nous reste toujours celle de choisir notre attitude et notre réponse à l'adversité.
3. **Résilience spirituelle** : Frankl a trouvé sa force dans la spiritualité, affirmant que l'espoir et la foi jouaient un rôle crucial dans la survie. Il a écrit sur ses codétenus qui

s'accrochaient à leurs croyances, les utilisant comme source de réconfort et de résilience.

4. **Aider les autres** : Frankl a souligné que ceux qui soutenaient leurs compagnons, partageaient leurs rations ou apportaient du réconfort, développaient un plus grand sens du but et une résilience accrue. Ses observations ont renforcé l'idée que la communauté joue un rôle crucial pour surmonter les épreuves.

Les enseignements de Frankl s'alignent sur les principes bibliques de résilience, démontrant que la foi, le but et la force intérieure permettent aux individus d'endurer les épreuves les plus dures. Sa vie est un exemple puissant de la façon dont la résilience est cultivée par le sens, la foi et le service aux autres.

Ces personnes incarnent les principes de la résilience, montrant que l'adversité ne doit pas nous définir mais peut être un catalyseur pour une profonde transformation personnelle et spirituelle. Leurs expériences soulignent l'importance de la foi, du pardon, de la persévérance et de la capacité à trouver un sens à la souffrance.

Chacune de leurs histoires nous rappelle que la résilience ne consiste pas seulement à supporter les épreuves, mais aussi à les utiliser comme un tremplin vers l'épanouissement personnel et le changement positif. En adoptant la foi, en gardant l'espoir et en s'entourant de communautés de soutien, nous pouvons, nous aussi, relever les défis de la vie avec force et grâce. Leurs parcours nous inspirent à cultiver la résilience dans nos propres vies, en transformant les difficultés en occasions de grandir, de diriger et d'élever les autres.

Comment développer des habitudes durables pour renforcer la résilience

Le développement de la résilience est un processus continu qui nécessite des habitudes intentionnelles et une discipline spirituelle. Voici comment intégrer ces principes dans votre vie quotidienne :

- **Instaurer une routine matinale :** Commencez chaque journée par la prière, la gratitude et la réflexion pour cultiver un état d'esprit résilient. Une routine matinale constante vous aide à commencer la journée avec un sentiment d'objectif et d'alignement, ce qui donne un ton positif face aux défis à venir.
- **Pratiquer l'auto-compassion :** Reconnaissez que les échecs font inévitablement partie de la croissance. Faites preuve de grâce envers vous-même, comme Dieu le fait. L'auto-compassion consiste à reconnaître vos imperfections, à se pardonner ses erreurs et à se traiter avec gentillesse dans les moments difficiles.
- **S'engager dans l'apprentissage tout au long de la vie :** Consacrez du temps à la lecture des Écritures, à l'étude d'ouvrages axés sur la résilience et à la recherche de la sagesse de mentors. L'apprentissage tout au long de la vie vous permet de garder l'esprit ouvert et curieux, et vous dote des connaissances et des stratégies nécessaires pour faire face à l'adversité de manière efficace.
- **Développer l'agilité émotionnelle :** Entraînez-vous à gérer vos émotions de manière constructive en pratiquant la patience et le changement de perspective. L'agilité émotionnelle consiste à être conscient de ses émotions, à les gérer efficacement et à réagir aux situations de manière équilibrée et réfléchie.
- **Rester ancré spirituellement :** Maintenez un lien fort avec Dieu grâce à la dévotion quotidienne, à la lecture des Écritures et à la communion fraternelle. Rester ancré spirituellement permet d'établir une base solide de foi et de confiance, offrant réconfort et conseils dans les moments difficiles.
- **Fixer des objectifs atteignables :** Divisez vos objectifs plus ambitieux en étapes gérables afin de créer un sentiment de progression et de motivation. Se fixer de petits objectifs réalisables vous aide à maintenir votre concentration et votre élan et célébrer chaque étape comme un témoignage de votre résilience.

En intégrant ces pratiques dans votre routine quotidienne, vous pouvez développer et renforcer votre résilience. Cette approche holistique améliore non seulement votre capacité à faire face à l'adversité, mais favorise également le développement personnel, la profondeur spirituelle et une vie plus épanouie. N'oubliez pas que la résilience est un voyage et que chaque étape franchie vous rapproche d'une version de vous plus résiliente et plus autonome.

Surmonter les échecs et maintenir la concentration spirituelle

Même les personnes les plus résistantes sont confrontées à des revers, mais la clé pour les surmonter est d'empêcher le découragement de conduire à la stagnation spirituelle. Voici quelques stratégies pour vous aider à rebondir et à maintenir votre croissance spirituelle :

Reformuler les défis : Changez de perspective et passez de "Pourquoi cela m'arrive-t-il ?" à "Qu'est-ce que je peux apprendre de cela ?" Vous pouvez transformer les obstacles en précieuses leçons de vie en considérant les défis comme des opportunités de croissance et d'apprentissage. Cet état d'esprit vous aide à voir le bon côté des situations difficiles et favorise un sentiment d'utilité et de résilience.

Chercher du soutien : Appuyez-vous sur votre communauté, vos mentors et vos partenaires de prière dans les moments difficiles. S'entourer d'un réseau de soutien solide apporte un encouragement émotionnel et spirituel. Les mentors et les partenaires de prière peuvent offrir des conseils, de la sagesse et des prières, vous aidant ainsi à surmonter les difficultés avec plus de force et de clarté.

Faire confiance au plan de Dieu : Rappelez-vous que Dieu fait tout pour le bien, comme le dit Romains 8:28. Faire confiance au plan de Dieu signifie croire que chaque revers a un but et que Dieu travaille dans les coulisses pour votre bien ultime. Cette foi peut vous apporter réconfort et assurance, même face à l'adversité, et vous aider à rester ancré dans votre cheminement spirituel.

Pratiquer la persévérance : Continuez à aller de l'avant, même lorsque les progrès semblent lents. La résilience se construit grâce à la persévérance et à la volonté de continuer malgré les revers. Acceptez le voyage et restez engagé envers vos objectifs, sachant que la persévérance est la clé pour surmonter les défis et atteindre le succès. Chaque pas, aussi petit soit-il, vous rapproche de votre objectif.

L'élimination des discours négatifs est une étape cruciale pour renforcer la résilience et maintenir un état d'esprit positif. Ce type de discours peut miner la confiance en soi, saper la résilience et entraîner le découragement. Pour le combattre, vous pouvez remplacer les pensées d'échec par des déclarations de victoire remplies de foi. Explorons en profondeur comment y parvenir :

1. Identifier les pensées négatives

La première étape pour éliminer les propos négatifs consiste à prêter attention à votre dialogue intérieur. Reconnaissez les moments où vous avez des pensées négatives à votre égard ou à l'égard de votre situation. Il faut pour cela être attentif et conscient de soi. Les pensées négatives sont souvent automatiques et habituelles, ce qui les rend difficiles à identifier sans effort conscient.

Étapes pratiques :

- Tenez un journal pour noter vos pensées et vos émotions.
- Remarquez les schémas de pensée, en particulier dans les situations stressantes ou difficiles.
- Réfléchissez à la manière dont ces pensées vous font sentir et à l'impact qu'elles ont sur votre comportement.

2. Remettre en question les pensées négatives

Une fois que vous avez identifié les pensées négatives, l'étape suivante consiste à remettre en question leur validité. Remettez en question l'exactitude de ces pensées. Sont-elles fondées sur des faits ou des hypothèses ? Vous aident-elles ou vous nuisent-elles ? Bien souvent, ces pensées négatives sont irrationnelles et exagérées.

Étapes pratiques :

- Demandez-vous si la pensée négative est étayée par des éléments probants.
- Envisagez d'autres explications ou points de vue possibles.
- Réfléchissez aux expériences passées au cours desquelles vous avez réussi à relever des défis similaires.
- Discutez de vos réflexions avec un ami de confiance ou un mentor afin d'obtenir un point de vue différent.

3. Remplacer par des affirmations positives

Pour contrer les discours négatifs, remplacez-les par des affirmations positives et des vérités bibliques. Les affirmations positives sont des déclarations qui renforcent vos forces, vos capacités et votre valeur. Elles aident à reprogrammer votre cerveau pour qu'il se concentre sur les aspects positifs.

Étapes pratiques :

- Rédigez des affirmations positives qui correspondent à votre personnalité et à vos objectifs.
- Utilisez des vérités bibliques pour renforcer ces affirmations. Par exemple, au lieu de dire "Je ne peux pas faire cela", dites : *"Je puis tout par celui qui me fortifie."* (Philippiens 4:13). Remplacez "Je suis un raté" par "Je suis un enfant de Dieu, et il a de grands projets pour moi"
- Répétez ces affirmations quotidiennement, surtout dans les moments de doute ou de découragement.
- Créez des rappels visuels, tels que des notes autocollantes ou des économiseurs d'écran, avec vos affirmations.

4. Se concentrer sur la gratitude

La gratitude est un puissant antidote aux discours négatifs. En vous concentrant sur ce pour quoi vous êtes reconnaissant, favorise la positivité et diminue le pouvoir des pensées négatives. Un cœur reconnaissant cultive un sentiment de paix et de joie, même dans des circonstances difficiles.

Étapes pratiques :

- Tenez un journal de gratitude dans lequel vous noterez chaque jour les choses pour lesquelles vous êtes reconnaissant.
- Réfléchissez à vos expériences passées et reconnaissez comment elles ont contribué à votre croissance et à votre résilience.
- Exprimez votre gratitude aux autres, que ce soit par une appréciation verbale ou par des notes écrites.
- Intégrez la gratitude dans vos prières ou vos pratiques de méditation quotidiennes.

5. Renforcer votre valeur personnelle

Il est essentiel de vous rappeler les promesses de Dieu et votre valeur intrinsèque pour développer un état d'esprit résilient. Réfléchissez aux écritures qui affirment votre identité en Christ et Son amour pour vous. Ces rappels contribuent à renforcer le sentiment de valeur et de raison d'être, en contrant les discours négatifs sur soi.

Étapes pratiques :

- Méditez sur les versets bibliques qui parlent de votre valeur et de votre identité en Christ, comme le Psaume 139:14 *"Je te loue de ce que je suis une créature si merveilleuse. Tes œuvres sont admirables, Et mon âme le reconnaît bien."* et Éphésiens 2:10 *"Car nous sommes son ouvrage, ayant été créés en Jésus Christ pour de bonnes œuvres."*

- Dressez une liste des promesses de Dieu et réfléchissez-y régulièrement.
- Entourez-vous d'influences positives, telles que des amis qui vous soutiennent, de la musique entraînante et de la littérature encourageante.
- Priez pour que Dieu vous guide et vous donne la force de surmonter les pensées négatives.

Construire des perspectives résilientes et remplies de foi

En remplaçant systématiquement les discours intérieurs négatifs par des déclarations pleines de foi, vous pouvez renforcer un état d'esprit de foi et de victoire. Cette pratique vous aidera à développer une attitude plus résiliente et plus autonome, vous permettant d'affronter les défis avec confiance et espoir. Explorons, à l'adresse, comment la mise en œuvre de ces stratégies peut contribuer à votre résilience globale et à votre croissance spirituelle.

Surmonter les revers

Les revers sont inévitables dans la vie, mais la façon dont vous y réagissez détermine votre résilience. En adoptant un état d'esprit positif et rempli de foi, vous pouvez considérer les revers comme des opportunités de croissance plutôt que comme des échecs. Ce changement de perspective vous permet de tirer des leçons des difficultés rencontrées et d'élaborer de nouvelles stratégies pour réussir.

Étapes pratiques :

- Réfléchissez aux échecs passés et identifier les leçons tirées.
- Fixez-vous des objectifs réalistes et décomposez-les en étapes gérables.
- Célébrez les petites victoires et les progrès, même au milieu des difficultés.
- Recherchez le soutien et l'encouragement des autres en cas de besoin.

Grandir spirituellement

La résilience est étroitement liée à la croissance spirituelle. Relever les défis avec foi et détermination renforce votre relation avec Dieu et approfondit votre maturité spirituelle. Une attitude positive ancrée dans la foi vous aide à faire confiance au plan de Dieu et à vous appuyer sur Sa force.

Étapes pratiques :

- Développez une routine régulière de prière et de méditation pour rester en contact avec Dieu.
- Étudiez la Bible de manière régulière afin d'approfondir votre compréhension de la Parole de Dieu.
- Participez à des communautés et activités fondées sur la foi pour tisser des relations de soutien.
- Méditez sur la fidélité de Dieu dans votre vie et faites confiance à Ses conseils.

Conclusion

L'élimination des discours négatifs est une étape cruciale dans le développement de la résilience et le maintien d'un état d'esprit positif. En identifiant et en remettant en question les pensées négatives, en les remplaçant par des affirmations positives, en se concentrant sur la gratitude et en renforçant votre valeur aux yeux de Dieu, vous pouvez cultiver un état d'esprit résilient. Cette pratique vous aidera à surmonter les échecs, à grandir spirituellement et à faire face aux défis de la vie avec confiance et espoir.

Rappelez-vous que la résilience ne consiste pas à éviter les défis, mais à les surmonter avec foi, détermination et une attitude positive. En mettant en œuvre ces stratégies, vous pouvez maintenir votre élan spirituel et sortir plus fort de chaque épreuve, en renforçant votre foi et votre résilience en cours de route. En continuant à développer un état d'esprit résilient, vous trouverez plus de joie, de paix et d'épanouissement dans votre parcours.

La résilience est un voyage, non une destination. Pour développer un état d'esprit résilient, il faut de la foi, de la persévérance et de l'intentionnalité. Comme nous le rappelle Jacques 1:12, *"Heureux l'homme qui supporte patiemment la tentation ; car, après avoir été éprouvé, il recevra la couronne de vie, que le Seigneur a promise à ceux qui l'aiment."*

Au fur et à mesure que vous avancez, engagez-vous à :

- Faire confiance à Dieu pour relever tous les défis.
- Appliquer en permanence les sept clés de la résilience.
- Encourager et soutenir les autres dans leur propre cheminement.
- Considérer les échecs comme des opportunités de croissance.

En intégrant ces principes dans votre vie, vous développerez votre résilience personnelle et inspirerez ceux qui vous entourent. Continuez à aller de l'avant et laissez votre foi être le fondement de votre force.

La section suivante fournit des ressources supplémentaires, des exercices de réflexion guidée, ainsi que des outils pratiques pour faire de la résilience une pratique de vie continue.

"

N'abandonnez donc pas votre assurance, à laquelle est attachée une grande rémunération. Car vous avez besoin de persévérance, afin qu'après avoir accompli la volonté de Dieu, vous obteniez ce qui vous est promis.

"

- *Hébreux 10:35-36*

CONCLUSION

LE VOYAGE DE RESILIENCE TOUT AU LONG DE LA VIE

Résumé des enseignements clés

Tout au long de ce livre, nous avons exploré les sept clés essentielles pour cultiver un état d'esprit résilient en vue d'une maîtrise spirituelle. Ces principes constituent une base solide pour surmonter l'adversité, renforcer la foi et parvenir à l'épanouissement personnel. Pour résumer :

1. **Conscience de soi :** Comprendre ses émotions, ses forces et ses faiblesses permet un développement personnel et spirituel intentionnel.
2. **Intelligence émotionnelle :** Gérer ses émotions avec sagesse conduit à de meilleures décisions et à des relations plus solides.
3. **But et sens :** Découvrir et s'aligner sur le dessein de Dieu alimente la résilience et donne une orientation à la vie.
4. **Pensée positive :** Façonner ses pensées à travers les Écritures, les affirmations et la gratitude favorise une perspective pleine d'espoir et d'autonomie.
5. **Pleine conscience et méditation :** Rester présent dans la présence de Dieu favorise la paix intérieure, la concentration et la stabilité émotionnelle.

6. **Compétences d'adaptation :** Développer la flexibilité et la débrouillardise l'ingéniosité permet de résoudre efficacement les problèmes et de faire face aux incertitudes.
7. **Systèmes de soutien :** L'établissement de relations solides et de communautés confessionnelles permet d'encourager et de responsabiliser les personnes concernées.

Chacune de ces étapes s'appuie sur l'autre, formant une approche holistique de la résilience qui fortifie à la fois l'esprit et le cœur.

Les bienfaits à long terme de la résilience

La résilience ne consiste pas seulement à survivre aux épreuves, mais à s'épanouir dans les circonstances changeantes de la vie. En appliquant systématiquement les sept clés, les individus peuvent bénéficier des avantages à long terme suivants :

Une foi et une confiance en Dieu plus fortes : Les épreuves deviennent des occasions d'approfondir la foi et la confiance dans les promesses de Dieu.
Une plus grande stabilité émotionnelle : Les personnes résilientes font face au stress et aux défis avec grâce et sang-froid.
Des relations enrichies : Une intelligence émotionnelle saine et des systèmes de soutien favorisent des connexions significatives et durables.
Des capacités accrues en résolution des problèmes : Faire face aux difficultés avec un esprit d'adaptation permet de trouver des solutions créatives et efficaces.
Une satisfaction de vie amplifiée : Un état d'esprit résilient favorise la joie, le contentement et la gratitude, même dans les moments difficiles.

Comme nous le rappelle Romains 5:3-4, *"Bien plus, nous nous glorifions même des afflictions, sachant que l'affliction produit la persévérance, la persévérance la victoire dans l'épreuve, et cette victoire l'espérance."* La véritable résilience mène à la maturité spirituelle, permettant à chacun d'inspirer et d'élever les autres.

La résilience est un voyage qui dure toute une vie, et non une destination. Le chemin de la maîtrise spirituelle exige des efforts continus, de la réflexion et de la foi. Il y aura des moments de recul, mais la persévérance affinera et renforcera votre caractère. Rappelez-vous ces encouragements clés :

- **Restez ancré dans la Parole de Dieu** : Laissez les Écritures vous guider, en vous offrant sagesse et encouragement dans les moments difficiles
- **Acceptez la croissance avec grâce :** Chaque défi est une occasion de grandir. Acceptez les difficultés comme des tremplins plutôt que comme des obstacles.
- **Entourez-vous de soutien :** Continuez à investir dans des relations qui vous soutiennent, vous mettent au défi et vous encouragent dans votre démarche.
- **Célébrez les progrès :** Reconnaissez les petites victoires comme des marqueurs de croissance et de résilience.

Philippiens 1:6 nous rassure : *"Je suis persuadé que celui qui a commencé en vous cette bonne œuvre la rendra parfaite pour le jour de Jésus Christ."* Continuez d'avancer, avec confiance, en sachant que Dieu vous façonne pour que vous deveniez ce qu'il vous a appelé à être.

Comment appliquer les principes de résilience tout au long de la vie

Pour conserver un état d'esprit résilient et une force spirituelle durable, intégrez ces pratiques dans votre routine quotidienne :

1. **Réflexions matinales :** Commencez la journée par la prière, la méditation des Écritures et la gratitude.
2. **Tenue d'un journal :** Consignez vos pensées, vos luttes et vos victoires afin de suivre vos progrès et d'acquérir une meilleure connaissance de vous-même.

3. **Service et communion :** Participez au service communautaire, aux activités de l'église et au mentorat pour rester connecté et motivé.
4. **Pleine conscience et repos :** Prenez le temps de réfléchir, de vous reposer et d'être attentif afin de préserver votre bien-être émotionnel et spirituel.
5. **Apprentissage continu :** Lisez des livres, participez à des ateliers spirituels et cherchez la sagesse à travers le mentorat pour croître en foi et en discernement.

Comme nous le rappelle 2 Corinthiens 4:16-18, *"C'est pourquoi nous ne perdons pas courage. Et lors même que notre homme extérieur se détruit, notre homme intérieur se renouvelle de jour en jour. Car nos légères afflictions du moment présent produisent pour nous, au-delà de toute mesure, un poids éternel de gloire, parce que nous regardons, non point aux choses visibles, mais à celles qui sont invisibles ; car les choses visibles sont passagères, et les invisibles sont éternelles."*

Votre parcours de résilience est un témoignage de la grâce et de la force de Dieu. Continuez à relever les défis avec foi, à rechercher la croissance avec détermination et à élever les autres par votre exemple. Puissiez-vous marcher hardiment dans le pouvoir de la résilience, en accomplissant le dessein divin pour lequel vous avez été créé.

Ce n'est pas la fin de votre voyage, mais le début d'une vie transformée et fortifiée. Restez inébranlable, et que votre foi et votre résilience inspirent les générations à venir.

Ressources complémentaires

Pistes de réflexion et exercices de journalisation

La rédaction d'un journal est un outil puissant pour développer la conscience de soi, traiter les émotions et renforcer la résilience. Les pistes de réflexion suivantes peuvent vous aider à mieux comprendre votre cheminement vers la résilience spirituelle et mentale :

Conscience de soi et croissance :

- Quels sont les défis qui m'ont le plus marqué, et qu'est-ce que j'en ai appris ?
- Comment est-ce que je réagis habituellement à l'adversité et que puis-je faire pour cultiver un état d'esprit plus résilient ?
- Quelles sont mes valeurs fondamentales et comment influencent-elles ma prise de décision ?

Intelligence émotionnelle et état d'esprit :

- Comment gérer le stress et les revers émotionnels ? Quelles sont les stratégies qui m'aident à réguler mes émotions ?
- Quels sont les schémas de pensée négatifs avec lesquels je lutte et comment puis-je les remplacer par des affirmations basées sur la foi ?
- Dans quels domaines de ma vie dois-je faire preuve de plus de patience et de grâce envers moi-même et envers les autres ?

Objectif et foi :

- Comment ma foi influence-t-elle ma capacité à persévérer dans les épreuves ?
- Quel verset biblique ou quelle leçon spirituelle a eu le plus d'impact dans mon parcours de résilience ?
- Comment puis-je aligner mes actions quotidiennes sur le dessein de Dieu pour ma vie ?

Communauté et soutien :

- Qui sont les personnes clés de mon système de soutien et comment contribuent-elles à ma croissance
- Comment puis-je renforcer mes relations et apporter mon soutien aux autres de manière plus intentionnelle ?
- De quelle manière puis-je rechercher un mentor ou devenir un mentor pour quelqu'un d'autre ?

Lectures et versets bibliques recommandés pour une étude plus approfondie

Pour approfondir l'étude de la résilience d'un point de vue biblique et psychologique, nous vous recommandons les lectures suivantes :

Livres sur la résilience et la foi :

- *Une vie de résilience : Persévérer, tenir bon dans l'adversité et aller au bout de votre potentiel* - Gordon MacDonald
- *Une confiance inébranlable : Découvrez la joie de faire confiance à Dieu à tout moment, en toutes choses* - Joyce Meyer
- *Resilient : Restoring Your Weary Soul in These Turbulent Times* (Résilient : La restauration de votre âme fatiguée en ces temps turbulents) - John Eldredge
- *Une vie motivée par l'essentiel* - Rick Warren

Versets bibliques clés sur la résilience et la force :

Jacques 1:2-4 - *Mes frères, regardez comme un sujet de joie complète les diverses épreuves auxquelles vous pouvez être exposés, sachant que l'épreuve de votre foi produit la patience.*

Romains 5:3-5 - *Bien plus, nous nous glorifions même des afflictions, sachant que l'affliction produit la persévérance, la persévérance la victoire dans l'épreuve, et cette victoire l'espérance.*

2 Corinthiens 4:16-18 - *C'est pourquoi nous ne perdons pas courage. Et lors même que notre homme extérieur se détruit, notre homme intérieur se renouvelle de jour en jour.*

Philippiens 4:6-7 - *Ne vous inquiétez de rien ; mais en toute chose faites connaître vos besoins à Dieu par des prières et des supplications, avec des actions de grâces. Et la paix de Dieu, qui surpasse toute intelligence, gardera vos cœurs et vos pensées en Jésus Christ.*

Outil d'auto-évaluation de la résilience

L'évaluation de la résilience personnelle est essentielle pour identifier les domaines de croissance et de développement. Utilisez l'outil d'auto-évaluation suivant pour évaluer votre niveau actuel de résilience.

Auto-évaluation de la résilience :

Évaluez-vous sur une échelle de 1 (pas du tout d'accord) à 5 (tout à fait d'accord) pour chaque affirmation ci-dessous :

1. Je reste calme et serein sous la pression.
2. Je considère les défis comme des opportunités de croissance plutôt que comme des obstacles.
3. Je pratique activement la gratitude et me concentre sur les aspects positifs de ma vie.
4. Je dispose d'un solide système de soutien composé de personnes sur lesquelles je peux compter dans les moments difficiles.
5. Je consacre régulièrement du temps à la prière, à la méditation ou à la réflexion spirituelle.
6. Je peux m'adapter aux changements inattendus sans me sentir dépassé.
7. Je tire des leçons de mes échecs plutôt que de m'y attarder.
8. Je maintiens des limites émotionnelles saines et ne me laisse pas envahir par la négativité.
9. Je prends soin de moi et donne la priorité à mon bien-être physique et mental.
10. J'ai confiance que Dieu a un but dans mes luttes et je cherche Sa direction dans l'adversité.

Guide de notation :

40-50 : Vous avez de bonnes capacités de résilience, mais vous devriez continuer à les renforcer par des pratiques quotidiennes.

30-39 : Vous êtes en bonne voie, mais certains aspects tels que l'adaptabilité ou la gestion émotionnelle peuvent être consolidés.

20-29 : Vous avez peut-être du mal à résister et vous pourriez bénéficier d'efforts intentionnels pour renforcer votre état d'esprit et votre foi.

Moins de 20 ans : Il serait judicieux de chercher un accompagnement par le biais du mentorat, d'une thérapie ou d'un accompagnement spirituel pour vous aider à surmonter les difficultés et à renforcer votre résilience.

Liste de contrôle des habitudes quotidiennes pour renforcer la résilience

Pour maintenir et renforcer la résilience, intégrez ces habitudes dans votre routine quotidienne :

✓ **Prière du matin et gratitude :** Commencez la journée en exprimant votre gratitude envers Dieu et en priant pour obtenir force et conseils.

✓ **Méditation sur les Écritures :** Méditez sur un passage biblique qui renforce la résilience et la foi.

✓ **Journal de réflexion personnelle :** Notez vos pensées, vos émotions et les principaux enseignements tirés des défis rencontrés au cours de la journée.

✓ **Actes de bonté :** Encouragez ou soutenez une personne de votre entourage, de votre communauté ou de votre église.

✓ **Pleine conscience et gestion du stress :** Respirez profondément, méditez ou marchez en pleine conscience pour rester centré.

✓ **Choix d'un mode de vie sain :** Maintenez une alimentation équilibrée, faites de l'exercice régulièrement et reposez-vous suffisamment.

✓ **Connexion avec votre système de soutien :** Prenez contact avec un mentor, un partenaire de responsabilisation ou un ami proche.

✓ **Recadrage des pensées négatives :** Remplacez les doutes par des affirmations et des vérités tirées des versets bibliques.

✓ **Réflexion de fin de journée :** Passez en revue les défis et les victoires de la journée, en priant pour une croissance et une sagesse continue.

Le développement de la résilience est un voyage continu qui exige de l'intention, de la foi et de la discipline. En utilisant ces ressources supplémentaires, vous pouvez approfondir votre compréhension, renforcer vos habitudes quotidiennes et continuer à croître en force spirituelle. Faites de ce voyage un renouvellement constant, guidé par la foi et un engagement en faveur de la résilience.

"

Ne t'ai-je pas donné cet ordre : Fortifie-toi et prends courage ? Ne t'effraie point et ne t'épouvante point, car l'Éternel, ton Dieu, est avec toi dans tout ce que tu entreprendras.

"

- *Josué 1:9*

REMERCIEMENTS

Je rends grâce profondément à l'Esprit du Christ et à toutes les personnes incroyables qui ont joué un rôle déterminant dans la création de ce livre, **"Résilience : 7 clés pour cultiver un état d'esprit résilient en vue de la maîtrise spirituelle"**. Ce projet n'aurait jamais vu le jour sans leur soutien, leurs encouragements et leur sagesse.

À ma femme, mes enfants, mes amis, mes partenaires de prière, et ma fille Hannah, dont la photo figure sur la couverture : Votre foi inébranlable en ma vision et vos encouragements constants ont nourri ce voyage. Merci pour votre amour, votre patience et votre compréhension tout au long du processus d'écriture.

À mes mentors, coachs et mentorés : Vos conseils, vos points de vue et vos enseignements ont joué un rôle déterminant dans l'élaboration des concepts et des idées présentés dans ce livre. Je vous suis profondément reconnaissant pour votre mentorat et la sagesse partagée.

À mes éditeurs et relecteurs : Votre attention méticuleuse aux détails et vos précieux commentaires ont grandement amélioré la qualité de ce livre. Merci pour votre dévouement et votre travail acharné qui m'ont aidé à donner vie à ce manuscrit.

Aux personnes inspirantes qui ont partagé leur histoire : Votre courage et votre résilience ont été une source d'inspiration pour beaucoup. Je vous remercie de m'avoir permis d'inclure vos expériences dans ce livre et d'avoir accepté de participer à cette aventure.

Enfin, je tiens à remercier chaleureusement ChatGPT et Microsoft Copilot pour leur aide et leur inspiration lors de la rédaction de ce livre, et Badr Belrali pour la traduction de la version anglaise en français. Leur soutien et leurs conseils ont été d'une valeur inestimable pour la réalisation de "Resilience : 7 Keys to Cultivate a Resilient Mindset for Spiritual Mastery" (La résilience : 7 clés pour cultiver un état d'esprit résilient en vue de la maîtrise spirituelle).

À propos de l'auteur

Roland St. Gerard est un fervent défenseur du développement personnel et de la croissance spirituel. Avec un engagement inébranlable pour aider les autres à cultiver la résilience et à surmonter les nombreux défis de la vie, le Dr St. Gerard s'appuie sur une richesse d'expériences personnelles et de profondes connaissances spirituelles pour inspirer ses lecteurs et leur donner les moyens d'agir.

Avant de répondre à l'appel du Christ, le Dr St. Gerard a dû faire face à de nombreuses difficultés personnelles, notamment une lutte acharnée pour arrêter de boire, de fumer des cigarettes et de consommer de la marijuana. Dr St. Gerard a connu une transformation miraculeuse grâce à une foi inébranlable et à la grâce divine, se libérant de la dépendance et embrassant une vie de maîtrise spirituelle.

Auteur du livre "Chased by Grace", publié par Westbow Press en 2020, le Dr St. Gerard est également l'éditeur de MCE Magazine, une publication chrétienne basée dans le sud de la Floride. Il est titulaire d'un doctorat en aumônerie, d'un Master en homilétique, d'un certificat exécutif postdoctoral en leadership chrétien délivré par l'université Liberty, ainsi que d'une licence en psychologie de l'université internationale Trinity.

Dans "Résilience : 7 clés pour cultiver un état d'esprit résilient en vue de la maîtrise spirituelle", le Dr St. Gerard partage de puissantes leçons tirées de son propre parcours et de la vie de personnages historiques et bibliques. En s'inspirant de la force et de la sagesse de ces personnes remarquables, le Dr. St. Gerard offre aux lecteurs des conseils pratiques pour développer la résilience et trouver un sens profond à leur propre vie.

Lorsqu'il n'écrit pas, le Dr St. Gerard aime prêcher, parler et enregistrer des discours de motivation. Il est activement impliqué dans sa communauté, en contact avec des leaders religieux et gouvernementaux. Il continue d'inspirer et de soutenir les individus dans leur cheminement vers la résilience spirituelle et la maîtrise de soi, à travers des coachings personnels et collectifs.

Quelle est votre histoire de résilience ?

Si vous souhaitez que je partage votre histoire de résilience dans la prochaine édition de "**Résilience**", vous pouvez m'envoyer votre histoire par e-mail à l'adresse suivante : mcemagazine@gmail.com.

Objet : Mon histoire de résilience

Merci d'inclure les informations suivantes :

- Votre nom complet
- Votre adresse e-mail
- Votre numéro de téléphone
- Votre adresse postale

"

Je suis persuadé que celui qui a commencé
en vous cette bonne œuvre la rendra parfaite
pour le jour de Jésus Christ

"

- *Philippiens 1:6*

Publié par MCE Magazine
Février 2025

Conception de la couverture par l'auteur

Image sur la couverture : Hannah St. Gerard

Boîte postale 680254
Miami, FL 33168

E-mail : mcemagazine@gmail.com
Tél. (786) 587-7199

Site web : www.mcemagazine.org

Made in the USA
Middletown, DE
08 May 2025

75261840R00099